바깥은 설렘

바깥은 설렘

초판 1쇄 발행 2025년 8월 1일

지은이 박성희
펴낸이 장길수
펴낸곳 지식과감성#
출판등록 제2012-000081호

교정 주경민
그림 라몽 lamong_jip
디자인 정윤솔
편집 정윤솔
검수 이주연, 이현
마케팅 김윤길

주소 서울시 금천구 벚꽃로298 대륭포스트타워6차 1212호
전화 070-4651-3730~4
팩스 070-4325-7006
이메일 ksbookup@naver.com
홈페이지 www.knsbookup.com

ISBN 979-11-392-2707-9(03810)
값 13,500원

- 이 책의 판권은 지은이에게 있습니다.
- 이 책 내용의 전부 또는 일부를 재사용하려면 반드시 지은이의 서면 동의를 받아야 합니다.
- 잘못된 책은 구입하신 곳에서 바꾸어 드립니다.

지식과감성#
홈페이지 바로가기

책 앞에

하늘, 바람, 풀냄새, 꽃향기, 새소리, 물소리….
그리고 수풀과 나무로 원시림같이 펼쳐진 산책로.
그 길을 걷는다. 그러면 난 어느새 그들과 동화된 사람. 선물 같은 시간. 모든 게 나를 위해 마련된 것 같다. 그들에게 감탄하며 두 손 모아 경배한다.
바깥은 언제나 설렘이다.
새로운 경험과 흥미로운 모험의 장소다. 기대, 환희, 고독, 슬픔 같은 걸 맛보며 유쾌히 받아들인다. 집에만 틀어박혀 아무 일도 안 일어나는 것보다 낫기에.
그저 모든 것에 감사하다. 기쁜 일도 있었고, 힘든 일도 있었지만, 여기까지 달려온 시간이 있었기에 또 한 권의 책이 완성됐다. 다양한 주제들이다. 수없이 사색하고, 관찰하고, 매만졌다. 많이 사랑해 주시면 좋겠다.

싱그러움 가득한 날, 저자 박성희

목차

책 앞에 5

1. 욕망하는 존재들

제니는 달콤했네 12
하늘의 인연 15
수호신은 있다 18
연애를 시작했어 22
세탁소 여자는 24
위험한 동거 27
말동무하기 29
경재의 직감 32
결국 5번째 남자 34
영필이의 고백 38
明朗宮 40

2. 사색하며 탐미하며

다시 만난 쇼펜하우어 44

사랑의 삼각형과 참사랑 47

박지원의 연암집에서 51

西京別曲, 음미하다 53

漢詩에 반해 57

맹자의 경고 63

홉스는 왜? 66

비평의 의미 68

북토크 72

플라톤의 국가에서 74

아리스토텔레스의 글 한 자락 75

3. 한낮의 쾌감

自立自生 78

질풍노도 사춘기 82

담배밭에서 88

페친의 초대 91

구독자 만들기 93

미래의 어느 때에 가서 96

치명적 1초 98
악독한 팬데믹 101
지옥을 구출하라 105
학력은 평등하지 않다 108
夕陽日記 112
301호 미친 여자 117

4. 아름답고도 가혹한

청춘은 아름다워라 126
조커의 총 129
순암의 숨결들 132
안해, 아내 135
ΟΔΥΣΣΕΙΑ 138
신념, 마법이 되다 146
바람의 아들 148
탕, 취향 저격 151
그는 언어예술의 아나키스트 153
이토록 열정 155

5. 열정과 몰입으로

기쁨을 주니 행복이 오네 160

진주보다 땀방울 162

호수 위의 백조들 164

나무, 예술이 되다 166

설렘, 낭만, 감성 169

꿈 너머의 꿈으로 171

하모니는 영혼을 울리고 173

봉선화에 빠져 175

나누며 베풀며 177

뭐든 다 해내는 사람 179

책 뒤에 182

뜨겁고도 차가운 사랑의 문장들 - 평론가 부창민 184

1. 　　　　　　　　　　　　　욕망하는 존재들

제니는 달콤했네

그녀 몸에 물이 돈다.

새싹이 돋고, 꽃봉오리가 열리고, 야릇한 반응을 한다.

그들의 랑데부는 정오에 있었다. 그녀에게 그 시간은 자유로웠다. 22층 창 너머 바다에 비친 햇빛, 하얀 뭉게구름과 새들의 지저귐, 신선하게 불어오는 바람과 풍경은 더없이 맑고 상쾌해 그녀를 달뜨게 했다.

제니, 그녀는 아무리 생각해도 현실이 낯설다. 꿈에도 생각지 못한 이국땅에서 또 다른 나로 살아가는 게 두렵고도 설렜다. 그러나 이내 순간순간 즐기기로 한다. 새로운 경험도 거부하지 않으려 한다.

오토바이 소리가 들린다. 가까이 발걸음 소리가 난다. 그가 당도했다.

그는 언제나 맨발로 오토바이를 타고 다닌다. 그녀는 얼른 문을 열어 그를 맞이했다. 그리고 누군가가 불시에 들어오는 일이 없도록 현관문을 안에서 한 번 더 잠갔다.

그들은 말없이 닿았다. 격정적 포옹, 격렬한 입맞춤. 숨이 막혔다. 온몸의 세포가 거세게 역동했다. 보고 싶었다, 사랑한다는 말은 필요치 않았다. 말이 통하지 않아도, 피부색이 달라도, 나이 차이도 상관없었다. 그저 그들 자체로 좋았다.

그는 감정에 직진했다. 그녀는 그런 행동거지가 맘에 들었다. 그 순간 세상은 느닷없이 폭풍이 휘몰아치고, 활화산은 불꽃 튀었으며, 히말라야 고봉엔 눈사태가 벌어졌다. 그리고, 세상이 우주가 붕괴되었다.

그의 눈은 늘 갈망에 찼고 오똑한 코, 입 주변은 다부졌다. 근육질 몸매는 어디서나 대범했다. 역삼각형의 완벽한 상체와 탄탄한 하체는 압도적이었다. 그도 그럴 것이 그의 직업은 관능적 남성다움, 근육질 몸을 만들어 주는 트레이너. 바로 그녀가 매일 아침 운동하러 다니는 클럽하우스 짐에서 일하고 있다.

그는 그녀가 운동할 때마다 다가와 "뷰티풀, 아이 러브 유."라고 속삭였고, 아무에게도 들키지 않게 언제나 그녀를 예의 주시했다. 그는 순진한 모습이면서 터프했고, 다정하면서도 뜨거웠다. 그렇게 그들은 남몰래 교감하며 사랑이라는 이름하에 열락했다.

제니는 어쩌면 이 시간이 인생 여정에서 일순 스쳐 가는 바람일 뿐이라며, 아니 마지막 사랑일 거라고 자위하며 그 시간을 붙잡아 향유하고 싶었는지 모른다. 사랑에 미치고 싶은지 모른다.

그들 랑데부는 철저히 비밀리에 부쳤다. 누군가에게 발각되기라도 하면 그는 최고급 아파트 클럽하우스에서 쫓겨나 밥줄이 끊길 것이었고, 그녀는 마담이라는 본분에 망신살을 면하지

1. 욕망하는 존재들

못할 것이었다. 그래서 안전하게 그녀 집에서 랑데부를 즐겼다. 그러나 그녀 집에 도착하려면 3번 보초 서는 경비들 틈을 잘 뚫고 들어와야 한다.

그가 오는 날 그녀는 땀범벅을 하고, 그의 허기진 배를 채워 줄 그녀식 카레를 만들고, 샤워와 양치를 했다. 그러나 그는 땀을 흠뻑 흘리고 왔으며, 흙발이었고, 특이한 인도 사내 냄새가 났다. 허리엔 힌두사원에서 시바 신이 하사한 빨간 띠를 감았고, 팔에는 고통 없이 얻는 게 없다는 'no pain no gain' 타투가 새겨져 있다.

그는 분명 신을 잘 모시고 성실하게 살아가는 청년이다. 그런 그가 어떤 연유로 이방인인 그녀에게, 쳐다봐선 안 될 그녀에게 도발을 꿈꾸었는지 알 수 없다.

그는 언젠가 자기 시야에서 그녀가 사라질 거라는 걸 안다. 그녀가 자기네 나라에 정착할 시간이 얼마 남지 않았다는 것을. 그들의 사랑이 영원하지 않을 거라는 사실을. 서둘러 이별을 거역하고 싶은지 단둘이 있을 때마다 "영원히 사랑해", "나랑 결혼해 줄래?"를 연발한다.

그는 언제나 그녀를 오래도록 곁에 두고 싶어 했다. 그러나 시간은 멈추지 않고, 만남 뒤의 이별은 절대 진리. 달콤한 시간도, 순간의 행복, 그 어떤 무수한 감정도 스쳐 지나가는 것.

제니, 그녀는 언제나 그를 생각하면 설레고, 그와 함께할 때면 생기발랄한 봄이 된다.

하늘의 인연

샤넬, 루이비통, 에르메스….

금희의 명품 자랑이 싫지 않다. 귀부인처럼 치장하고 찬연히 웃으면 난 즐겁다. 그녀의 행복이 마치 내 행복 같다. 여느 여인이면 질투 날 것이다.

그녀는 불행의 터널에서, 피폐한 삶에서 벗어났다. 지옥 같은 지긋지긋한 시간으로부터 해방됐다. 생각하면 억울하고 분한 젊음이었다.

그녀의 자랑과 웃음은 지지리도 복 없던 과거에서 빠져나와 새 인생 살겠노라고, 행복한 여자로 거듭났노라고, 팔자 고쳤노라고 세상을 향해 외치고 싶은 것이다.

"우리 애들 잘 키워야 하는데, 당신 죽으면 나 어떡해요?"

"죽어서 좋은 사람 만나게 해 줄게."

그녀 남편이 온갖 병으로 앓아누울 때 그들의 대화는 늘 그랬다. 30년 넘은 결혼 생활이었지만, 그중 3분의 1은 참담했다. 벌어 놓은 돈은 병원비로 탕진해 바닥을 드러냈다. 하루하루 희망도 없이 버티다 그마저 다 말아먹고 과부가 되었다.

그러나 첫 단추가 잘못 끼워졌다고, 두 번째 단추마저 잘못 끼워지란 법은 없을 터.

그녀는 상심했지만 죽으란 법 없이 남편 말대로 어느 날 눈에 쏙 들어온 남자를 만난다. 남편이 살았을 때, 몇 번 본 지인 중 한 명이다. 그 역시 부인이 먼저 요단강을 건너가 아들 둘을 키우며 10여 년을 힘들게 살아온 홀아비.

남자는 인자했고 따뜻했으며 재력가였다. 서로 상처가 있었던 그들은 금방 뜨겁게 달아올랐다. 그러곤 그동안 고달픈 인생길에 종지부 찍고, 핑크빛 인생길로 나가기로 했다. 각자 자식들과 친지를 불러 61세, 66세 나이로 결혼식을 올렸다.

둘의 인연은 애초 이렇게 정해진 운명인가. 하늘나라 배우자들이 점지해 준 인연인가.

그들은 서로의 자식들을 친자식처럼 지극정성으로 뒷바라지했다. 그녀의 딸들은 새아빠를 온전히 받아들이기 위해 친아빠의 성을 버리고, 새아빠의 성으로 바꾸기까지 하니 새 남편은 더없이 고마워, 그 딸들을 정성껏 키워 결혼시키고 집 장만까지 해 주었다.

얼마 전 그녀는 남편 건강을 위해 공기 좋은 곳으로 이사를 했다. 하늘이 맺어 준, 선물 같은 남편을 소중히 잘 지키고 싶어서겠지.

그녀의 행복은 주말마다 찾아오는 남편의 자식들을 왕자님 대하듯 음식을 만들어 대접하고, 그들의 말 한마디도 놓치지 않고 경청하며, 가족을 위해서라면 무슨 일이든 헌신하는 일. 진정한 행복이 무엇인지 알기에 늘 감사함으로 자신의 임무를 충실히 해낸다.

　새들의 청아한 지저귐, 온갖 꽃과 푸르름으로 그녀의 정원이 생기롭다. 그녀의 얼굴이 환하다.

수호신은 있다

 우리는 하늘의 계획하에 살아가는 걸까.

 삶이 내 뜻대로 안 풀리고 예기치 못한 불행에 처할 때가 있다. 그러나 그때 천만뜻밖에 행운의 신이 나타나 손잡아 줄 때도 있다.

 동생 성진이는 엄마 뱃속에서 4번째 죽임을 당하다 태어났다. 엄마 아버지는 시골에서 많은 농사를 지으며 고모와 삼촌, 할아버지를 모시고 살았다. 늘 일이 고돼 4남매를 낳고, 더 이상 애를 낳지 않기로 했다. 그런데 어쩌다 엄마에게 애가 섰다. 삶이 팍팍해 애 5명은 무리였는지, 애가 든 걸 알아차린 부모는 곧장 병원으로 달려가 애를 긁었다.

 그런데 계속 구역질이 나고 여전히 뱃속에 애가 든 게 느껴졌다. 또 애를 뗐다. 그리고 얼마 후 이젠 완전히 애를 지웠다고 여겼는데 어떻게 된 일인지 또 애가 뱃속에 있는 게 느껴졌다. 엄마는 다시 애 낳는 일처럼 견디며 그 어린 핏덩이를 떼어 냈다. 벌써 3번째다. 그런데, 그럼에도 불구하고, 엄마 배는 심상찮았다. 이번에는 의사의 각서를 받고 애를 떼기로 했다. 의사는 자신 있게 각서를 썼다.

'이번에도 애가 떨어지지 않으면, 저는 모든 책임을 지고 이 아이를 대학교까지 보내 주겠습니다.'

그런데, 이 무슨 조화 속일까. 몇 번이나 긁혀 나온 핏덩어리는 도대체 무언가. 애는 뱃속에서 계속 자랐고 끝내 신나게 태동하고 있었다. 진정 이 애는 꼭 태어나야만 하는 운명인가. 정녕 하늘의 뜻이란 말인가. 부모는 끝내 이 애를 낳기로 했다.

"응애, 응애, 저 이렇게 잘 태어났어요!"

세상에 이렇게 예쁜 딸이라니. 쌍꺼풀진 커다란 눈에 이목구비가 뚜렷하고 총명해 보이는 아기가 우렁차게 울부짖었다. 그것은 전에 엄마 아버지의 기원을 배신한 조롱이기도 했다. 아버지는 동생에게 '꼴이대장'이라는 별명을 지어 주며 늘 그 애만 사랑했다. 그 애가 태어나기 전 모든 사랑은 내 독차지였는데. 난 그만 하루아침에 찬밥이 됐다.

그러나, 신은 늘 그 애 편이 아니었다. 마냥 이쁘게만 놔두지 않았다.

사랑둥이로 신나게 뛰어다니던 그 애에게 크나큰 시련이 닥치고 만다. 3살 되던 해 어느 날 갑자기 소아마비에 걸려 앉은뱅이가 되었다. 튼튼했던 다리가 말을 안 들어 통 일어나질 못하고, 세워 놓으면 자꾸 주저앉아 울기만 했다.

큰일이었다. 엄마 아버지는 몸이 닳고 애가 탔다. 얼른 온 동네를 쑤시고 다니며 용한 침쟁이를 찾아갔다. 침쟁이는 커다란 침을 그 애 몸에 쿡, 한번 찔렀다. 그 애는 이내 악을 쓰며 울더니 벌떡 일어나 아버지 품으로 달려가 안겼다. 그날 아버지와 엄마는 새 세상을 또 가진 듯 감격했다.

"침 한 방에 그냥 벌떡 일어나는 거여!"

아버지는 오래오래 그 일이 감동으로 다가와 보는 이마다 그 얘기를 했다.

성진이는 야무지게 자랐고, 남들은 집 근처 고등학교를 다닐 때 버스를 3번이나 타고 가야 하는 명문 여고에 진학했다. 그 애는 촌이 아닌 서울 한복판에서 근사하게 살아 보고 싶은 욕망이 있었다. 이어 대학에 들어가 미술디자인과 수석 졸업 후, 서울에 있는 S대학교에서 컴퓨터그래픽디자인을 공부하고 KBS 방송국에서 쭉 근무 중이다.

20대 후반, 성진이는 돌연 미국에 있는 친구에게 가겠다며 뉴욕에 도착했다. 먼저 여행부터 하기로 하고 그곳 시내 곳곳을 누비다, 쌍둥이 빌딩에서 온종일 놀 거라고 했다. 그런데 TV를 켜니 그 시각 뉴욕 쌍둥이 빌딩이 테러로 폭파됐다는 속보가 전해졌다. 사망자만 3천 명이 넘을 거란다.

성진이가 지금 저 빌딩 어딘가에 있을 텐데. 나는 애가 탔다. 꼼짝 못 하고 TV 앞에 있었다. 그 애는 여전히 아무 연락이 없었다. 긴긴 시간이 흐르고 그다음 날 국제 전화 한 통이 걸려 왔다.

"언니, 나 살았어. 사고 바로 전날 하루 종일 쌍둥이 빌딩에서 신나게 놀았는데, 다음 날 폭파됐네. 죽을 뻔했어."

그 애는 하늘에 두고두고 감사해야 한다. 엎드려 절해야 한다.

그리고 얼마 후 오빠 결혼식 날, 버스에서 내리자마자 건너편 집으로 달렸는데 옆 차선 승용차가 순식간 휙, 스쳐 달려 큰일을 당할 뻔했다. 그 애는 버스가 가려 전후를 살피지 못했다. 승용차 운전자도 설마 버스 뒤에서 누가 건널까 하며 달렸으니 0.5초 차이로 죽을 고비를 면했다.

성진이는 그렇게 여러 번 큰 사고를 피했다. 그때마다 그 애를 졸졸 따라다니며 방패막이 되어 준 수호신이 있었다. 매번 새 인생을 살아가는 그 애. 수호신이 보우하사 쭉 그 애를 지켜 준 거다.

분명 내게도 수호신이 붙어 있을 거다. 단지 내가 눈치채지 못했을 뿐.

연애를 시작했어

누가 자꾸 아는 체를 한다. 그러더니, 왜 자기를 모르냐는 거다. 예전에 같이 캘리그라피를 배웠지 않았냐며 반기기까지 한다. 아, 맞다. 그런데 그녀의 모습이 너무 팽팽하다.

작년 주민센터에서 만났을 때만 해도, 그녀는 백발노인티가 줄줄 났었다. 그런데, 1년이 지난 지금 더 노쇠하기는커녕 생기발랄했다. 염색한 머리는 검었고, 화장한 얼굴은 빛났으며, 깔 맞춤 한 옷과 구두는 세련돼 보였다. 전보다 10년은 젊어 보였다.

"너무 예쁘셔서 누가 애인하자고 꼬시겠어요."

노인은 깔깔대더니 그동안 쌓아 놓은 이야기보따리를 푼다.

"남편이 저세상 가서, 외롭게 지내다 취미생활을 시작했지. 문화센터에서 서예를 했는데, 그곳에서 나와 같은 처지의 남자를 만났어. 동병상련이라고 우린 금방 친해져 자주 만났지. 그이 집은 분당이고 나는 광주고. 시간 날 때마다 우린 영화도 보고, 맛있는 것도 먹고, 산책도 하고 그랬지."

그때 노인의 얼굴은 잘 익은 복숭아 같았다. 활기 만발했다. 작년의 무기력했던 모습은 찾아 볼 수 없었다.

"전남편이 공직자여서 조용히 살다 죽으려고 했는데, 인생의 낙이 없더라고. 그래서 마음 맞는 남자를 만나게 돼 연애를 시작했어. 나보다 4살 아랜데, 좋아. 한 달에 2주는 우리 집에 와서 같이 자. 그래서 우리 애들한테 그랬어. '얘들아, 너희들 갑자기 엄마네 와서 웬 남자 노인을 보더라도 놀라지 마라. 네 엄마 동거남이니까.'라고. 그랬더니, 오히려 우리 애들이 더 좋아해. 제 엄마 혼자 외롭게 지내는 것도 짐이었나 봐."

"참 잘하셨네요."

그녀는 올해 83세다. 굽이굽이 인생의 맛을 다 누렸을 나이다. 하루를 살아도 즐겁게 살아간다면 축복이다. 이 세상에 사랑하는 일처럼 가슴 설레는 게 있을까.

세탁소 여자는

 외롭게 사는 중년 남자의 눈에 아름답게 비친 여자가 있다. 그녀는 누추한 세탁소 한 귀퉁이에서 조신하게 바느질하는 여자다.
 그는 오래전 아내와 사별한 중소기업 사업가다. 그가 아무 때고 세탁소를 들르면 그녀, 지순은 손님인 그를 반갑게 맞는다. 그때마다 그는 세상만사 힘듦과 적적함도 잊게 된다. 점점 세탁소가 내 집처럼 편안하고 그녀마저 사랑스럽다.
 그는 더 자주 세탁소를 들락거렸다. 어느새 그 가슴속에 그녀가 잔뜩 들어왔다. 언제나 참한 모습, 수줍은 미소, 열심히 살아가는 의지가 보이는 그녀가 그렇게 좋다. 그러나 그녀 곁엔 술주정뱅이 남편과 중학생과 초등학생 딸이 셋이나 있다. 남편은 가끔 맨정신으로 세탁소에서 일을 하기도 하지만, 주로 밖에서 허구한 날 술타령이다. 하지만 여자는 그런 남편을 개의치 않고 딸들을 남부럽지 않게 키우려고 성실히 세탁소를 꾸려 나간다.
 세탁소 부부는 이전에 충청도 어느 산골짜기에서 힘들게 농사를 지었었다. 그곳에서도 남편은 하루하루를 술에 절어 살았다. 그녀는 새로운 환경을 바꾸면 남편이 정신 차릴지도 모른다는 생각에 서울로 이사해 세탁소를 차렸다. 게다가 결혼 전 봉

제공으로 일했던 경험도 있었다.

  지순은 하루도 술 없이 못 사는 지긋지긋한 남편만 바라보며 살다가 따뜻하고 자상한 사업가에게 힘든 삶을 위로받는다. 자주 만나면 정이 든다더니 그들은 어느새 남몰래 서로에 대한 호감이 사랑으로 변한다. 시간이 갈수록 둘의 감정은 뜨거워진다. 그녀는 끝내 술주정뱅이 남편과 이혼하고 갈라선다.

  이젠 나도 다른 여자들처럼 사랑받으며 행복하게 살고 싶어, 내 인생 다시 새로 잘 살아 볼래, 하는 마음이 들었을 거다.

  남편은 모든 것을 자포자기한 듯 고향으로 내려가 술버릇 못 버리고 하루하루 희망 없는 삶을 이어 간다. 사업가는 그동안 외로운 동굴에서 벗어나게 해 준 여자를 위해 고급 호텔에서 성대한 결혼식을 마련한다. 그의 아들과 여자의 딸 셋과 함께 많은 사람을 초대해 제2의 인생을 세상에 알린다.

  결혼 후, 사업가는 세탁소 여자를 사업가 부인으로 만들기에 힘 쏟는다. 초등학교밖에 안 나온 여자를 검정고시를 보게 해 중고등학교를 졸업하게 하고, 마침내 대학교까지 졸업하게 한다. 부부 동반 사업가 모임에서 혹시라도 그녀가 민망한 일을 겪지 않게 품위 있는 몸 매무새와 말투를 교육시키고, 호텔에서 만찬 하는 법, 와인 마시는 법, 여러 친교를 위한 예절을 가르쳐 여자는 점점 우아한 사모님으로 거듭난다.

  잘나가는 사업가를 새아빠로 맞아들여 갑자기 신분 상승 된 두 딸은 새아빠를 친아빠보다 더 좋아하고, 남부럽지 않은 삶을 살게 돼 행복하다. 여자는 더 말할 것도 없다. 그렇게 여자의 가족은 새로 만난 남자의 가족과 웃음을 뿌리며 행복하게 살아간다.

우리네 인생이란 자기가 어떻게 사느냐에 따라 가족과 주변인을 행복과 불행으로 만든다. 멀리서 들리는 소문에 고향으로 내려간 여자의 본남편은 술에 절어 살다 폐인이 돼 죽었다고 한다.

자리가 사람을 만든다더니 어느 날 우연히 만난 지순은, 누추한 세탁소 여자에서 귀부인의 자태로 반짝반짝 빛나고 있었다.

위험한 동거

 세상을 착하게만 살면 안 되는 걸까.

 혜경은 남편과 사별 후 아이들을 키우며 힘들게 살아갔다. 어느새 그 아이들이 성장해 하나둘 자신의 품에서 빠져나가자 외로움을 느꼈다. 혼자 사는 인생이 재미없어졌다.

 그러던 어느 날 친구가 소개한 남자를 만났다. 그 남자 역시 아내와 사별 후 오랫동안 외롭게 살아왔다. 두 사람은 동병상련하며 서로를 품었다. 마음도 잘 맞았다. 얼마 후, 그들은 동거에 들어갔다.

 혜경은 그 남자 집에 들어가 살면서 새로운 삶에 활력을 찾았다. 새 남편과 남편의 아이들에게도 극진했고, 집안 살림도 똑소리 나게 잘했다. 그저 같이 사는 것만으로도 좋았는지, 무슨 연유로 혼인신고도 안 하고 그렇게 동거했다.

 어느 날, 남편은 자신의 보험을 들으라고 혜경한테 권한다. 그녀는 바로 남편 보험을 들었다. 보험료로 큰돈이 다달이 나갔지만 꼬박꼬박 부었다. 돈이 없어 그 돈을 못 낼 때는 보험 설계사가 대신 내 주기도 하면서 10년을 빼먹지 않고 힘들게 부었다.

 그러다 얼마 후 남편이 암에 걸렸다. 혜경은 열심히 간호했고,

소일거리로 돈을 벌어 보험금을 납부했다. 남편과 동거한 지가 벌써 십수 년. 그녀는 여전히 남편과 그 자식들과 함께 살며 뒷바라지에 최선을 다했다. 심성이 착해 매사에 정성을 다하는 사람이었으니까.

그렇게 하루하루 바쁘게 사는 동안 그녀는 혼인신고 하는 걸 까먹고 있었다.

그러던 어느 날, 남편과 동거한 지 14년 되던 해 남편이 죽고 말았다. 그때 그녀가 들어 놓았던 보험금이 1억 넘게 나왔다. 그녀는 그 보험금이 있어 그런대로 마음에 위안이 되었다.

그러나 보험사는 혜경에게 한 푼도 줄 수 없다고 청천벽력 같은 말을 한다. 죽은 남편의 법적 부인이 아니기 때문이다. 혼인신고를 안 하고 살아온 까닭이다. 그렇게 힘들게 10년을 보험금 내느라 고생만 했는데. 살던 남편 명의 집도 물려받을 자격이 없다. 그녀 것은 아무것도 없었다. 모두 재혼한 남편 자식들 것이었다.

남의 집에 들어가 희생만 했던 14년의 세월은 그렇게 무모했다. 억울하지만 현실은 냉랭했다. 혜경은 이렇게 바보 같은 인생을 살았다며 땅을 치고 또 쳤다. 그러곤 빈털터리 신세로 길거리에 나앉았다.

말동무하기

❋ 말조심

"내가 37살에 애 넷 있는 과부가 됐어. 그래서 남자 놈들이 나를 보면 '저기 과부 온다. 과부 와.' 이렇게 말들 하는 거야. 그래서 내가 '네놈도 어서 뒈져라. 네 마누라도 과부 되게.' 했어. 그랬더니 1년 후 그놈이 죽었어. 어느 날은 또 '에이, 아침부터 과부 만나 재수 없네.' 하는 거야. 그래서 '그래, 네놈도 뒈지면 네 마누라도 과부 된다.' 그랬지. 어머, 그랬더니 얼마 안 가서 그놈 중풍 맞아 나 지나다니는 길 입구에서 가만히 고개 떨구고 앉아 있잖아. 과부가 죄인가. 신랑이 아파서 먼저 간 게 내 잘못인가. 보는 놈들이 죄다 그리 말하면 안 되지. 그래서 그리 말했더니 다들 그 모양 됐지. 말을 함부로 놀리면 안 돼."

❋ 그들의 사랑법

"이웃에 70살 먹은 장님이 있었어. 돈이 많았지. 집 세놓은 게 스무 가구는 됐으니까. 그런데 그 장님 첩이 있단 말이지. 50살 먹은 첩. 장님이 여자한테 뭘 할 줄 알겠어. 그래도 첩이 붙어 있는 게 신통하지. 장님이 심심할 때 전화만 하면 그 첩 득달같이 달려온댜. 왜? 첩이 올 때마다 100만 원씩 쥐여 주니까. 그래서 장님한테 물었어.

'그래, 사랑은 할 줄 알우?' '그건 안 돼유, 그냥 만져만 볼 줄 알유.'

'그래, 만져만 봐도 좋우?' '그래도 그게 어디유.'

50살 먹은 첩은 장님이 돈줄이어서 그마저도 황송했던 거지."

❋ 뱀 때문에

"동네에 죽을병 걸린 환자가 있었어. 막판에 병을 고치려고 산속에 들어갔어. 움막을 짓고, 산에서 나는 약초를 캐다 먹고 자연인으로 살아 보려고 한 거지. 그때 부인이 그런 남편 밥해 주라고 다 큰 딸을 데려가게 했어. 아버지 병을 고쳐야 하니까. 산속에서 아버지는 약초도 캐고 몸에 좋다는 뱀도 잡아먹고 별 것 다 먹었지. 그런데 그중에 뱀을 자주 고아 먹으니까 정력이 넘쳐 주체를 못 했던 모양이야. 결국 딸한테 그 짓을 하며 살았지 뭐야. 몇 달 후, 부인이 산속 남편한테 가 보니 이게 웬일이야. 딸년이 글쎄 배가 남산만 하잖아. 그날 그 부인은 집으로 와 약을 먹고 죽었지."

"그럼, 그 딸은 어떻게 됐대요?"

"그 아비 애 낳고 살았다는 소리를 들었어."

❋ 말의 씨

"젊은 새댁 때, 내가 나무를 하러 산으로 막 다녔잖아. 그런데 어느 날 동네 아저씨가 큰 장작을 잔뜩 지고 오는 거야. 그래서 어떻게 그렇게 좋은 장작을 많이 구했냐고 물었지. 그랬더니 웃으면서 '내 장사 때 쓰려고요.' 하는 거야. 난 그냥 무심히 웃었지. 무슨 농을 그렇게 하나 하고. 어머, 그랬더니 글쎄, 그다음 날 진짜 그 아저씨가 죽었어. 어쩜 그렇게 말대로 되는 줄 몰라. 아주 오싹했다니까. 어떻게 자기 죽는 날을 알았지?"

❋ 그건 어디 갔던지

86세 노인에겐 말버릇이 하나 있다. 뭘 물어보면 꼭 '그건 어디 갔던지'로 답한다.

"뭐가 드시고 싶어요?"

"그건 어디 갔던지, 먹고 싶은 게 한 개도 없어."

"어디 놀러 가고 싶으세요?"

"그건 어디 갔던지, 누가 데려가야 말이지."

"하고 싶은 게 뭐예요?"

"그건 어디 갔던지, 만사가 다 귀찮아."

"앞으로 몇 년은 더 사셔야죠."

"그건 어디 갔던지, 한 10년만 더 살고 싶어!"

경재의 직감

오늘은 꼭 피를 볼 것 같다.

이상한 꿈을 꾼 경재. 꿈 이야기는 잘 기억나지 않지만, 묘한 기분이 들었다. 분명, 나쁜 일이 생길 것 같아 마음을 졸이고 있었다. 엄마가 밭에 같이 가서 풀을 뽑자고 했지만 경재는 거역하고 싶었다.

"엄마, 나 꿈자리가 안 좋아서 집에서 쉬었으면 좋겠어요."

"무슨 꿈을 꾸었기에 그러냐?"

"피 보는 꿈 같아요. 그래서 집에 있어야겠어요."

"그럼 넌 집에서 쉬어라. 네가 쇠스랑 가져가서 풀을 뽑아 주면 엄마가 흙 털어서 쉽게 일할 수 있는데. 넝쿨이 많아서 엄마 호미질로는 안 되니까 가자고 한 건데 엄마 혼자 풀 뽑고 올게."

경재는 엄마 혼자 고생할 생각을 하니 따라가지 않을 수 없었다.

"알았어요, 엄마. 그럼 같이 가요. 꿈이 다 맞는 것도 아니고."

경재는 엄마와 함께 산 밑 밭으로 갔다. 밭에 도착하자마자 여기저기 뻗친 넝쿨을 당차게 쇠스랑으로 한 번 탁, 찍었다. 그 순간, 정체 모를 피가 확! 하늘로 치솟아 올랐다. 그 핏줄기는 양쪽으로 솟구쳐 경재의 얼굴까지 튀어 시뻘겋게 피범벅이 되고, 여기저기 피바다가 됐다.

  아무 생각 없이 그냥 쇠스랑으로 한 번 탁, 찍었을 뿐이었는데 하필 커다란 능구렁이 뱀을 찍은 거였다. 넝쿨 밑 두 마리의 뱀 또한 얼마나 놀랐으랴. 꽁꽁 뒤엉켜 교합하고 있던 찰나에 난데없이 급사를 당하니. 두 마리 뱀 중 한 마리만 느닷없이 쇠스랑에 작살나고, 한 마리는 쏜살같이 내뺐다.

  경재와 엄마는 그 광경 앞에서 싸늘한 기운을 느꼈다.

  "얘야, 네 꿈이 맞으니 무섭다. 빨리 내려가자."

  그 밭에서 내려온 이후, 모자는 더 이상 그곳에 얼씬도 하지 않았다. 짝 잃은 도망친 뱀이 복수심을 불태우며 그들을 기다리고 있을 터였다.

  5백 평이나 되는 밭을 힘들게 개간해 그동안 농사를 잘 지어 왔지만, 모자는 그 밭농사를 포기하고 아예 그 밭을 버렸다. 21살 경재의 직감은 예리했다.

결국 5번째 남자

"에잇, 지지배야. 남자만 바꿔 가며 살래?"

친정엄마는 딸 지영이가 5번째 남자를 데려오자 욕부터 내질렀다. 아무리 좋은 남자라고 딸이 우겨도 다 같잖았다. 다 그놈이 그놈이었다. 더 이상 그 어떤 놈도 별 볼 일 없을 거라고 단정했다.

딸은 초등학교를 졸업하고 중학교를 다니다, 어느 날 무슨 바람이 들어 가출하고 한참 소식이 끊겼었다. 그동안 그녀는 지방 어느 소도시 다방에서 레지를 하며 커피를 팔러 다녔다. 그러면서 만난 남자도 한둘이 아니었다. 수많은 남자 손님을 접하며 웃음을 팔았으니 그럴 만도 했다. 남몰래 동거한 남자도 숱했다. 자기 멋대로 자유로운 삶을 살다 어느 날 갑자기 친정에 나타나 결혼하겠다고 데려온 남자는 그런대로 성실해 보여 친정 식구들은 허락했고, 정식으로 결혼식도 올려 줬다.

딸은 행복했다. 제대로 된 가정을 꾸렸으니 안정도 찾았다. 아이도 어느새 3명이나 낳았다. 그러나, 한동안 행복했던 시간은 어린아이들 돌보고 남편 뒷바라지로 다람쥐 쳇바퀴 같은 삶은 자유분방하게 살았던 그녀에겐 지루했고 짜증나는 일이었다. 애들을 학교에, 어린이집에 보내고 낮이면 친구들과 돌아다니더니 어디서 새로운 남자를 만나게 된다. 남자는 연하의 총각이었다. 새로운 사람과 새로운 생활에 즐거움을 찾은 그녀는 급기야 아이들을 버리고 꽉 묶인 결혼 생활에서 탈출해 그 남자와 동거를 한다. 그러나 몇 개월 살다 보니, 방 한 칸의 찢어지게 가난한 삶이 지겨워지고 기대했던 삶이 아님을 깨닫고 친정으로 돌아온다.

하루하루 친정엄마의 구구절절 맞는 잔소리가 지루해질 무렵, 그녀는 어느 공장을 다니다가 그곳에서 또 한 남자와 눈이 맞는다. 이번에는 자식이 하나 있는 이혼남이었다. 남자는 진심을 다해 그녀를 사랑했다. 그러나 살아 보니 그 역시 별수 없는 흔한 남자에 술주정뱅이. 그녀는 또 그 삶이 지긋지긋해 그와의 삶을 접고 또 자유의 몸이 된다.

정처 없이 떠돌다 그녀는 방 한 칸을 얻어 식당에 취직한다. 홀 서빙 하는 지영은 자주 밥을 먹으러 오는 손님과 또 눈이 맞는다. 건설사에 다니는 남편은 성실했지만 이 남자도 술을 좋아했다. 그리고 그 술은 늘 주정을 했다. 그러다 보니 늘 싸움판이 벌어졌다. 그렇게 그녀는 또 그 남자와 찢어진다. 몇 개월에서 몇 년씩 살다가 헤어진 숱한 동거남들. 친정엄마는 그런 소식을 귀동냥으로 듣고 살았으니 얼마나 딸년이 골칫덩어리였을지. 그러는 사이 첫 번째 정식 결혼한 그녀의 아이들은 친할머니 집에서 잠시 키워지다가 본남편이 새 여자를 맞아들이면서 아이들과 합쳐져 평온한 가정을 이루며 살게 된다.

　한창 엄마 손이 필요했던 아이들은 엄마라는 사람이 자기들을 버리고 다른 남자를 찾아 떠났으니 엄마가 얼마나 야속하고 배신감에 사로잡혔을까. 이 세상 믿을 사람은 엄마밖에 없는데. 엄마라는 사람이 얼마나 독하면 눈에 밟히는 자식들을 다 버릴 수 있을까.

　더 잘 살아 보겠다고 집을 나가 살림 차렸던 남자들을 다 버리고, 또 혼자가 된 그녀는 조용히 삶을 살지 않고 그새를 못 참고 새로운 사람을 다시 만난다. 이번 남자는 요리사다. 이 남자만은 그녀를 평생 편안하게 해 줄 것 같았다. 그녀는 다시 이 남자의 손을 잡고 친정으로 간다.

　그러나 친정엄마는 그동안 수차례 남자관계가 좋지 않았던 딸의 행실을 알기에 이번에도 뻔한 남자로 단정 짓고 아예 인사하러 온 새 사윗감을 면전에서 퇴짜를 놓은 거다. 더 이상 믿을 놈이 어디 있겠냐며 나가라고 손사래를 쳤다.

　5번째 남자와 딸은 그냥 그 자리를 뜨고 둘만이 결혼 약속을 하고 새로운 동거에 들어갔다. 그렇게 해서 지금까지 잘 살고 있다. 그녀가 정신을 차린 탓인지, 남자가 착하고 여자를 떠받들고 살아서인지 그동안 동거했던 남자들 중 가장 오래 살고 있다.

　친지들이 찾아가면 갖가지 음식솜씨를 뽐내고, 집 청소며 가정사를 잘 돌본다고 한다. 친정 식구들에게도 선물과 돈봉투를 돌리고 장모님에겐 매달 두둑한 용돈을 보내고 지영에게도 정성을 다한다. 그동안 그렇게 남자 복 없다고 좌절하던 그녀에게 마지막 남자는 그녀에게 행복을 알게 했다.

어느새 지영의 아이들은 벌써 대학교를 졸업해 대기업에 취직하고, 나머지 동생들은 대학생 고등학생이 되었다. 언젠가 지인이 그들에게 엄마 얼굴 보고 싶지 않냐고 물으니, "우리에겐 그런 엄마 없어요. 지금 아빠랑 살고 있는 새엄마가 진정한 우리 엄마예요." 한다. 그들에겐 낳은 정보다 기른 정이 더 살가웠던 것이다.

영필이의 고백

　영필은 선배 문우다. 자유분방한 삶을 즐기며 서울에서 홀로 생활한다. 한마디로 열심히 일하고, 열심히 논다. 자기 하고 싶은 것 다 하고 사니까. 척 보면 '난 행복한 사람'이다. 오늘은 그가 묻지도 않은 자기 이야기를 들려준다.

　"난 참 여자 복이 없어. 그동안 2번 결혼해서 2번 이혼했어. 애는 결혼할 때마다 1명씩 낳아 2명 있지. 그 둘은 서로 다른 형제의 존재를 몰라. 근데, 최근 2번째 여자가 합치자고 하네."

　보통 한 번 결혼해서 죽을 때까지 사는 게 원칙인데, 두 번 결혼해서 각각 배다른 2명의 자식이 있다? 한때는 복잡한 일로 골치 아팠겠다.

　1번째 여자와 자식은 행방을 모르고, 2번째 여자는 그동안 온갖 기술을 배워 모 국가고시 심사위원장이며, 서울 한복판에 사업장 빼고 집을 3채나 마련해 놨다고 한다. 아이가 어릴 때 이혼해서 20년도 넘게 혼자 애 키우며 돈을 악착같이 벌었으니, 그녀로선 성공한 삶이다. 그녀 사정을 들어 보면 그 긴 세월을 기댈 남자도 없이 외로운 삶이었을 것이다.

　영필의 말을 들어 보니 여복이 없기는커녕 얼마나 여복이 많은가. 자기 딴엔 홀로 자유롭게 살면서 누릴 것 다 누리고, 처자식은 알아서 참견 안 해도 잘 살아왔고, 게다가 떼돈까지 벌어 놓고 같이 살자고 하니 말이다. 아이는 어느새 커서 27살이란다.

그는 경기도 김포 대농가 집안에서 장남으로 태어나 중학교 졸업 후, 서울 친척 집에서 고등학교와 대학교를 나왔다. 부잣집 아들이니 집에서는 연신 쌀이니 채소니 줄곧 친척 집에 퍼 날랐다.

왜 이혼을 2번이나 했느냐고 물으니, 성격 차이란다. 첫 번째 여자는 성격이 너무 괄괄했고, 두 번째 여자 역시 처음엔 순해 보였으나 살아 보니 너무나 직설적이란다. 그는 내성적 소유자였다.

明朗宮

 밝고 맑은 집. 생기발랄한 기운이 솟는 곳. 난 이곳을 '명랑궁'이라 부른다. 아무리 힘들어도 이곳에서만큼은 명랑하게 지내길 바란다. 그 명랑함은 밖에서도 쭉 이어지길 바라고.
 "사람은 명랑해야지."
 어렸을 때 아버지는 3남 2녀를 밥상머리에 앉혀 놓고 이런 말씀을 자주 하셨다. 그러곤 "질질 우는 상을 하면 될 일도 안 돼."라고 말씀하셨다. 그때 우리는 복작복작 꽤 싸우며 지냈나 보다.
 내 수첩과 일기장 맨 앞 페이지엔 '밝고, 맑게'라는 문구가 써 있다. 아는 사람이나 모르는 사람을 대할 때, 혹은 혼자 있을 때도 '명랑'이라는 단어를 기억한다. 기분이 나쁠 때 그것을 드러내 남을 불편하게 하거나 태도가 되지 않겠다는 거다.
 살면서 어찌 좋은 일만 있어서 늘 기분이 좋을 수 있으랴. 괜히 짜증 날 때도, 일이 안 풀려 상심할 때도, 누군가로부터 본의 아니게 상처받을 때도 있다. 이런저런 일로 화가 치밀어 못 견딜 때도 있다. 그러나 그때마다 얼굴 찡그리며 화낸들 무슨 소용인가. 평정심을 갖고 내 몸 매무새, 표정, 목소리를 잘 지키려

한다.

"사람이 참 싹싹해." 누가 내 부모를 말할 때 그런 소리를 많이 들었다. 두 분은 옥신각신하면서도 남에겐 명랑하게 대했었나 보다.

누군가를 만날 때, 상대가 어떻게 대하는지에 따라 기분이 달라진다. 기분 좋게 그를 만나러 갔는데, 찡그린 얼굴로, 듣기 힘든 말만 늘어놓으면 맥 빠진다. 그렇다고 웃는 낯으로만 대하라는 건 아니다. 궁상떤다고 달라지는 건 없다는 거다.

밝고, 맑게, 명랑이라는 단어만 떠올려도 기분 좋아진다. 누구든 표정이, 목소리가 명랑하면 우위에 있는 사람 같다. 세상을 다 가진 사람 같다. 명랑이라는 단어를 되뇌며 나를 살핀다.

사람을 처음 만날 때 얼굴이 밝은가, 어두운가를 본다. 외모, 옷차림, 말투를 보는 게 아니라 명랑함을 본다. 명랑한 사람은 긍정적이어서 안정감을 준다. 그러나 그 반대의 사람은 나를 긴장시킨다.

밝을 명, 맑을 랑, 궁궐 궁. 밝고 맑은 궁궐. 나는 내가 살고 있는 이 평범한 집을 궁궐로 여긴다. 이 세상은 내 맘대로, 내 생각대로 사는 것. 내 관점의 일체유심조. 오직 긍정적 마음가짐, 명랑.

2.

사색하며 탐미하며

다시 만난 쇼펜하우어

　쇼펜하우어는 17살 때 '이 세상은 선한 존재자의 작품일 수 없다.'라고 생각했고, 20대 초반에는 "삶은 불쾌한 것이다. 나는 이러한 인생에 대해 사색하며 보내기로 마음먹었다."라며 일기장에 썼다.

　나는 17살 때 쇼펜하우어의 『인생론』에서 "인간 존재는 고뇌가 그 직접적인 목적이다."와 인간학의 전반부 "사랑하지 않고 미워하지도 않는다.", 인간학의 후반부 "아무 말도 하지 않고 아무것도 믿지 않는다."를 일기장에 썼다.

　지지난해 난 중고등학교 때 쓴 15권의 일기장을 창고에서 꺼내, 83편의 글을 골라 『그래도 난 빛나고 싶어』라는 책을 냈다. 일기장에서 그 시절 내 마음을 뒤흔든 쇼펜하우어의 글과 마주하게 돼 가슴이 두근거렸는데, 대학교 교재에서 다시 그의 책 『의지와 표상으로서의 세계』를 접하니 흥분된다.

　"이 세계는 본질적으로 의지다. 그런데 인간에게는 표상으로 드러난다." 내 생각에 여기서 표상은 어떤 대상으로 인해 내 느낌에서 표현된 현상이고, 의지는 어떤 목적을 달성하려는 적극적인 마음인데, 우리는 이 인간 세계를 다른 방법으로 체험할 수 없고 오로지 지금의 방법으로밖에 인식될 수 없다는 것으로 해석된다. 그러니까 쇼펜하우어의 말은 이 세계의 본질은 의지라는 거다.

"'세계는 나의 표상이다.' 이 말은 삶을 살면서 인식하는 모든 존재자에게 적용되는 진리다. 하지만 인간만이 이 진리를 반성적, 추상적으로 의식할 수 있으며, 인간이 실제로 이것을 의식할 때 인간의 철학적 사려 깊음이 생긴다." 쇼펜하우어는 이 말은 내가 아무리 곱씹어도 이해하기 어렵다. 어떻게 풀어내야 할지 한참을 서성대고 있다. 내가 17살 때 그의 철학서를 읽으며 내용이 어려워 어느 부분 부분에서 진도가 안 나갔던 것처럼 철학은 여전히 어렵고 내게 물음표를 준다.

"괴롭히는 자와 괴롭힘을 당하는 자는 하나다. 괴롭히는 자는 고통을 당하지 않는다고 생각하고, 괴롭힘을 당하는 자는 죄를 짓지 않는다고 생각하면서 잘못을 범하고 있다." 쇼펜하우어는 이 구절에서도 의지에 대해 말한다. 모든 악 또한 그 본질도 하나의 의지에서 나와 괴롭힘의 고통도 참아 낸단다. 그래서인지 주변에서 보면 서로 싸우는 사람들은 계속 싸우며 산다. 잘못인 줄 알면서도 괴롭힘을 주고받고를 반복적으로 참고 사는 게 그 의지 때문이란 말인가.

나는 지금 언어장애가 온 61세의 뇌졸중 환자를 관리한다. 근무 내내 수없이 그에게 괴롭힘을 당한다. 내가 그의 말귀를 못 알아들어서인지, 답답해 분통 터져서인지 일그러진 얼굴로 소리치고 화를 낸다. 그는 분명 내게 잘못하는 게 아니라며 반복적 행동을 하는 거다. 난 그런 행위가 처음엔 참을 수 없을 만큼 고통이었지만, 시간이 갈수록 만성이 돼 고통을 잊고 있다. 이 또한 그 의지 때문인가.

"모든 사랑은 동고(同苦)이다." 폭풍 공감하는 말이다. 사랑하면 인생이 달콤해지는 줄만 알았는데, 함께하다 보면 상대의 고통이 나의 고통이고 나의 고통이 상대에게도 고통이다. 자식이든, 연인이든, 부모든 함께하는 모든 사랑은 동고다.

소녀 시절, 내 일기장 속의 짝사랑은 독고(獨苦)였다.

사랑의 삼각형과 참사랑

※ 스턴버그(R. Sternberg)의 사랑의 삼각형:

　　　　　　　　친밀감, 열정, 의사결정

　1994년 어느 날, 신문에서 PC통신 커플 기사를 읽었다. 순간, 나도 그들처럼 내가 원하는 이상형을 사이버 공간에서 만나고 싶었다. 어서 무자비한 외로움에서 탈출하고 싶은 욕망도 있었다.

　마침 동생이 컴퓨터그래픽을 배워 거금의 컴퓨터가 집에 있어, 컴퓨터를 켜고 채팅방에 들어갔다. 곧 수많은 메시지가 날아왔다. 그곳엔 대기업 직장인, 엘리트로 불리는 사람들이 바글거렸다. 나는 떨리는 가슴으로 그들과 이야기를 나누었다.

　현실 너머 사이버 속 그들과의 대화는 재밌고, 환상 속 그들은 멋져 보였다. 난 괜찮은 느낌의 사람을 만나 보기로 했다. 지금처럼 컴퓨터에서 사진을 교환한다거나 목소리를 들을 수 없는 시대여서 그들의 정체가 궁금했다.

　그들은 순수하게 느껴졌다. 이 사람, 저 사람 만나도 우리는 어색하거나 불편함 없이 가까운 사이처럼 여겨졌다. 아마도 '친밀감' 탓일 거다. 그동안 쭉 PC통신이라는 사이버 세계에서 쌓인 친밀감.

그러나 만나는 사람마다 내 가슴속에서 저절로 일어나야 하는 사랑의 감정, '열정'은 불타오르지 않는 것이었다. 내가 꿈꾸던 사람이 아니어서 매력적으로 다가오지 않은 거다. 그래서 더 많은 사람을 만났지만 그냥 다 좋은 사람일 뿐, 솟구치는 사랑의 감정을 느껴 본 사람이 없어 쉽게 만나고 헤어지기를 반복했다. 누구도 더 같이 있고 싶거나 더 만나고 싶거나 접속하고 싶은 생각이 들지 않았다. 황금 같은 시간을 소비해 가며 감정 없는 만남을 지속하고 싶다는 '의사결정'이 일어나지 않는 것이었다.

지금에 와서 생각해 보니, 스턴버그의 사랑의 삼각형 '친밀감, 열정, 의사결정' 중 오로지 친밀감만 있었다. 사이버 공간에서 자주 연결돼 대화 상대로서의 친밀감. 누구라도 특별하게 느껴져 사랑하고 싶은 열정이라든가 진지한 만남을 이어 가고 싶은 의사결정이 없었다. 그래도 난 포기하지 않고 스턴버그의 사랑의 삼각형 친밀감과 열정과 의사결정을 할 수 있는 사람을 만나야겠다고 다짐하며 사이버 공간 게시판에 '착한 남자에게'란 글을 올린다.

※ 펙(M. S. Peck)이 제시한: 참사랑

그러곤 내가 추구하는 사랑을 위해 PC통신 게시판을 기대했다. 그 글을 읽은 남성들은 그날 밤새도록 편지를 보내왔다. 다음 날 아침 편지함엔 무려 80여 통이 도착해 있었다. 모두 자신이 내가 추구하는 사랑을 해 줄 사람이라며 만나잔다.

내가 추구하는 사랑은, 몸과 마음이 때 묻지 않은 상대를 만나 사랑의 감정을 나누며 사는 것. 서로 부족한 부분을 채워 주고, 재능을 키워 주며 함께 못다 한 꿈을 이루는 것. 서로 존중하며 내 편이 되어 든든한 울타리가 되어 주는 것. 언제나 서로를 응원해 주고 믿어 주는 것이었다.

그런데 그 많은 편지 중에 눈길이 가는 한 통의 편지가 있었다. 그 사람은 내가 추구하는 사랑을 해 줄 사람 같았고, 나를 영원히 행복하게 해 줄 사람 같았고, 내가 꿈꾸던 이상형의 사람 같았다.

우리는 순식간 반짝이는 눈빛으로 사랑에 눈이 멀었고, 만나 보지도 않은 채 사랑에 빠졌다. 그도 나도 서로 어떤 모습이건 무조건 결혼하고 싶어 안달이 났다. 한 달간 그렇게 채팅만 하다 드디어 두근거리는 가슴으로 만났다. 첫 만남에서 그는 장미꽃을 주더니, 두 번째 만남에서는 진주목걸이를 걸어 주고 프러포즈를 했다. 얼마 후 우리는 꿈처럼 결혼식을 올렸다.

펙은 성적으로 자극됐을 때만 사랑에 빠진다느니, 황홀하다느니 말하는데 이것은 일시적인 거고, 첫눈에 반해 사랑에 빠지는 낭만적 사랑이나 상대방이 없으면 못 살 것 같은 지나친 의존, 사회적 마조히즘에 해당하는 자기희생은 참사랑이 아니라고 한다. 사랑이란 일시적 충동이나 느낌에서 비롯되는 게 아니라, 때로는 사랑한다는 느낌이 없는 관계에서도 참사랑이 발생할 수 있고, 사랑한다는 느낌이 없는데도 사랑을 갖고 행동할 때 참사랑이 나타난단다.

펙의 참사랑은 자기 자신이나 타인의 영적, 정신적 성장을 도울 목적으로 사랑을 실천하는 거다. 그러니까 우리가 살면서 누군가에게 진심을 다해 사랑할 때 참사랑이 된다는 거고, 여기엔 내가 사랑하는 사람뿐 아니라 부모와 자식, 주변인에 대한 사랑도 포함된다. 그 사랑은 곧 상대방과 자신의 인생을 풍요롭게 만들고.

어느새 나는 사랑이라는 이름으로 결혼한 지 27년째다. 펙의 말대로 사랑에 빠져 황홀했던 시간은 진작에 저 멀리 날아가, 이제는 서로 영적, 정신적 성장을 도우며 낭만적 사랑 대신 참사랑을 실천하며 살아간다.

박지원의 연암집에서

"알지 못하는 것이 있으면 길 가는 사람이라도 붙잡고 물어보아야 한다. 어린 종이 나보다 한 글자라도 더 안다면 우선 배워야 한다. 자신이 다른 사람보다 못한 것을 부끄러워하여 나보다 나은 사람에게 묻지 않으면 죽을 때까지 스스로 고루하고 학술이 없는 처지에 갇히게 될 것이다."

박지원은 그의 『연암집』「북학의서」에서 학문하는 방도에 대해 이렇게 말한다. 나는 이 말이 참 좋다. 모르는 것을 모른다 하고, 아는 것을 안다고 하는 솔직함. 모르면서 아는 척하거나 알면서 모른다고 하는 위선보다 얼마나 아름다운가.

박지원은 이어서 "순임금이나 공자가 성인이 된 것은 다른 사람에게 묻기를 좋아해서 잘 배운 것에 지나지 않는다."라고 덧붙인다.

이 또한 감명 깊은 말이다. 많이 배웠다고 해서 다 아는 것이 아니요, 못 배웠다고 해서 다 모르는 게 아니다. 우리는 각자 자기 자리에서 잘 알고, 잘하는 분야가 있다. 가령 나는 노래와 수납과 요리를 잘 못한다. 그러나 남의 글은 좀 봐줄 줄 안다. 하지만 자신 있게 문법을 논하며 깊이 있게 잘 알지는 못한다. 그래서 못하는 분야는 그 실무자에게 직접 물어보고, 깊이 배우기 위해 다시 대학에 들어가 공부하고 있다. 무엇을 더 알려고 물어보고, 학문하는 모습은 얼마나 멋진 일인가. 학술의 세계는 한없이 넓고 깊기에 우리는 죽을 때까지 공부해야 한다.

요즘은 누구나 쉽게 모르는 걸 스마트폰으로 검색하면 바로 알게 되지만, 어떤 기술이나 연구, 다방면으로 정교한 방법을 알려고 할 때는 그 전문가를 찾아가 직접 물어서 배워야 빨리 터득할 수 있다. 혼자 전전긍긍하며 시간을 끄는 것보다 그렇게 해야 빨리 발전한다.

박지원은 명문 사대부 출신이지만 양반 지배층을 비판하고, 천민들을 주인공으로 내세워 사회 문제점을 날 세우며 지적한다. 신분이나 귀천을 초월해 여러 계층 사람들과 어울려 그들의 이야기를 자기의 책에 싣는다. 거지, 똥 푸는 사람, 말 거간꾼, 재산을 다 팔아 온 나라의 산을 돌아다니며 바위에 자기 이름을 크게 새기길 좋아하는 김홍연 같은 사람도 글거리가 된다. 하찮은 것들에 관심이 많고 세상 보는 눈이 예사롭지 않음에 더욱 그가 매력적으로 느껴진다. 그 넓고 풍부한 지식은 가히 충격적이며 신선하기까지 하다.

그의 『연암집』엔 '글은 뜻만 드러내면 그만이다'「공작관문고서」, '백번 싸워 이긴 글'「소단적치인」, '옛것을 본받고 새것을 만든다'「초정집서」, '조선 사람은 조선의 시를 써야지'「영처고서」, '길 가는 사람이 나의 스승'「북학의서」가 실렸다. 제목만 봐도 설득력 강하고, 풍자와 비유, 무엇이 중한지를 깨치게 하는 글들이다. 나는 그의 예리하고 명쾌한 글발에 빠진다.

西京別曲, 음미하다

西京이 아즐가
西京 셔울히마르는
위 두어렁셩 두어렁셩 다링디리
(난 여기 서울(평양))
닷곤디 아즐가
닷곤디 쇼셩경 고외마른
위 두어렁셩 두어렁셩 다링디리
(이곳을 사랑하지만)
여히므론 아즐가
여히므논 질삼뵈 부리고
위 두어렁셩 두어렁셩 다링디리
(내 임과의 이별할 바엔 차라리 길쌈 베 버리고)
괴시란디 아즐가
괴시란디 우러곰 좃니노이다
위 두어렁셩 두어렁셩 다링디리
(임이 사랑하시는 곳 울면서 쫓아가겠습니다)

구스리 아즐가
구스리 바회예 디신돌

위 두어렁셩 두어렁셩 다링디리
(구슬이 바위에 떨어진들)
긴힛쫀 아즐가
긴힛둔 그츠리잇가 나눈
위 두어렁셩 두어렁셩 다링디리
(꿴 끈이 끊어지겠습니까)
즈믄히를 아즐가
즈믄히를 외오곰 녀신둘
위 두어렁셩 두어렁셩 다링디리
(임과 떨어져 천년을 외롭게 살아도)
信잇둔 아즐가
信잇둔 그즈리잇가 나눈
위 두어렁셩 두어렁셩 다링디리
(임 향한 믿음 끊어지겠습니까)

大洞江 아즐가
大洞江 너븐디 몰라셔
위 두어렁셩 두어렁셩 다링디리
(대동강 넓은 줄 몰라서)
비내여 아즐가
비내여 노흔다 샤공아
위 두어렁셩 두어렁셩 다링디리
(배 내어놓았느냐 사공아)
네 가시 아즐가
네 가시 럼난디 몰라셔

위 두어렁셩 두어렁셩 다링디리
(네 각시 음탕한지 모르고 너는 어찌 이렇게 나루에 나왔느냐)
녈 비예 아즐가
녈 비예 연즌다 샤공아
위 두어렁셩 두어렁셩 다링디리
(어찌 내 임을 배에 태워 떠나느냐 사공아)

大洞江 아즐가
大洞江 건너편 고즐여
위 두어렁셩 두어렁셩 다링디리
(내 임은 대동강 건너편 꽃을)
비 타들면 아즐가
비 타들면 것고리이다 나눈
위 두어렁셩 두어렁셩 다링디리
(배를 타고 들어가면 그 꽃을 꺾을 것입니다)

서경별곡은 한 여인의 애절한 감정의 이별 노래다.

1연에서 화자는 사랑하는 임과의 이별 앞에서 모든 걸 포기하더라도 사랑하는 임을 따라가겠다고 한다. 사랑이 얼마나 사무치면 그럴까. 화자의 감정에 가슴이 뭉클해진다.

2연에서는 임과 떨어져 홀로 살더라도 내 사랑은 천년이 흘러도 영원할 거라며 변하지 않겠다고 맘먹는다. 오직 한 임에 대한 절절한 일편단심이다.

3연은 떠나는 이가 변심한 거라며 괜히 사공을 빗대 임에 대한 불신과 원망을 솔직히 표현한다. 나는 그토록 임을 사랑하는데 어찌하여 임은 떠나려 하는가. 애먼 사공에게 화살을 돌린다. 내 임은 분명 저 대동강을 건너면 거기에 핀 꽃을 꺾을 거다. 즉, 그곳에 자기 아닌 다른 여인과 사랑할 거라며 자신의 사랑을 처절하게 표출한다.

이처럼 서경별곡의 화자는 자신의 사랑을 적극적으로 지키려는 모습과 감정을 직설적으로 그렸다. 고려가요 서경별곡이 나를 매료시킨 건 여인의 슬프고도 애절한, 그러면서도 솔직한 감정을 분출해, 애처로움과 동시에 사랑을 지키고 이별을 거부하겠다는 당당함이다. 적극적인 사랑의 태도와 감정을 잘 나타내서다.

3·3·3의 음수율이 자주 사용되고, 부분적으로 3음보 율격이 일정하지 않다. '아즐가'는 여음 후렴구이고, '위 두어렁셩 두어렁셩 다링디리'도 후렴구며 악기 소리를 흉내 낸 것으로 추정한다. 화자의 정서는 「공무도하가」, 「송인」, 「가시리」, 「정읍사」, 「진달래」 같고, 고려속요 『악장가사』 속에 들어 있다.

漢詩에 반해

신세에 빗대어

술에 취해 수유꽃 꽂고 홀로 즐기다가
산 그득한 밝은 달에 빈 술병 베고 잠들었네.
지나는 사람들아 무엇 하는 사람인가 묻지 마라,
풍진 세월에 머리 허연 전함사의 종놈이라네.

- 「구일」 백대붕

천한 신분의 시인이 술의 힘을 빌려 나는 시인이야, 그런데 종놈이네. 종놈이지만 난 시인이야, 홀로 자신의 처지를 비꼬며 자백한다. 그러나 사람들이여, 내가 지금 음력 9월 9일 중앙절에 높은 곳에 올라 수유꽃을 머리에 꽂고 미친 짓을 하든, 술에 취해 밝은 달을 벗 삼아 낭만을 품든, 묻지 마라. 비록 난 지금 머리 하얀 천한 신분이지만 나는 네깟 것 양반, 사대부보다 더 멋진 시인이란 말이야, 하고 뇌까리며 세상에 대해, 사람에 대해, 자연에 대해 자신의 존재를 외친다.

전함사에 속한 노예 신세로 머리가 하얗게 될 때까지 시인이지만 시인 대접을 못 받는, 서럽고 풍진 세월을 낚는 자신이 참으로 가련하다. 시는 아무나 짓나. 그러나 나는 그놈의 양반 상놈 중 천하디천한 천민 시인이라니. 분하고 억울하단 말이다.

> 기약하고도 어찌 그리 돌아오지 않는가?
> 뜰에 핀 매화도 때 지나 지려 하네.
> 홀연히 가지 위의 까치 소리를 듣고
> 부질없이 거울 속의 눈썹 그리네.
> ―「규정」 이옥봉

낮이나 밤이나 보고 싶은 임을 소실이라는 이유로 마음대로 차지하지 못하니 얼마나 서러울까. 둘이서 사랑할 때는 온갖 맹세를 했을 텐데, 소실이라는 처지로 지아비를 마음대로 오라 가라 할 수 없는 신세가 참으로 가엽다. 언제쯤 그녀에게 돌아오겠노라고 약속했음에도, 어느새 뜰에는 매화꽃 피는 봄이 왔건만 아무 소식이 없네. 그러다 나뭇가지에 까치 소리 들리니 혹여나 임 오실 듯 설렘으로 거울 보며 얼굴을 매만지는 그녀. 그러나 기다려도 기다려도 임은 여전히 안 오시네. 부질없는 하루 또 가 버리네.

소녀 시절 내 모습을 보는 듯하다. 짝사랑했던 한 사람의 편지를 늘 기다리고 기다리다 지쳐 버린 내 모습. 오늘 오려나 내일 오려나. 그러나 끝내 오지 않은 편지.

사랑하는 이와 이별하며

객사 동쪽 새벽닭 울음 그치지 않고
새벽별은 달을 짝해 하늘에 반짝인다.
말굽 소리 갓 그림자 몽롱한 들판에
여인의 한 조각 꿈속을 밟으며 가네.

- 「효발연안」 이덕무

이토록 아름답고 낭만적인 시와 마주하다니. 이른 새벽녘 새벽 별이 반짝일 때, 하룻밤 보낸 한 여인과 헤어지는 풍경을 꿈속인 양 몽롱하게 자아낸다. 청각과 시각을 교차하며 써 내려간 시는 독자를 그 광경 속으로 끌고 간다. 그 밤은 정녕 아름답고 향기롭다. 그리고 아주 농염하다. 한동안 연정을 품으리라. 비록 하룻밤 사랑이었지만, 이덕무와 그 여인의 가슴엔 평생 잊지 못할 밤이리라. 농도 짙은 염정을 이토록 청아하게 시로 표현할 수 있다니, 참으로 놀라운 기교다. 오래도록 이 시를 읊조리며 시의 잔상에서 나는 한동안 즐거우리라.

어떻게 장차 월로를 불러 저승에 호소하여
내세에는 그대와 내 자리 바꾸어 태어날까?
내가 죽고 그대는 천 리 밖에 살아서
그대로 하여금 이 슬픔 알게 했으면.

- 「도망」 김정희

아내의 죽음을 이렇게 애통하게 그릴 수도 있나. 시인 김정희가 유배지에서 받은 부인의 부고를 듣고 쓴 시다. 얼마나 슬프면 내세에 자리 바꿔 태어나, 그 슬픔을 알게 하려 할까. 이유를 막론하고 어떤 죽음이든 가엾다. 그런데 사랑하는 부인이 죽었다. 그것도 멀리 떨어져 살며 자신을 그리워하다 죽었다. 감당 안 되는 슬픔이다.

이 시 한 편으로 김정희가 얼마나 부인을 사랑하며 유배지 생활을 버텼는지 알게 한다. 그래서 오죽하면 월로를 불러 저승에 호소하려 할까. 독자는 이 시를 통해 부부애에 대해 사유하게 한다. 시인 김정희만큼 내 남편도, 내 부인도 뼈저리게 그리운 존재인가.

풍경에 마음 뺏겨
  미친 듯 돌 사이를 달리며 산봉우리 울리니
  사람의 말소리 지척에도 분간하기 어렵네.
  늘상 세상의 시비하는 소리 귀에 들릴까 두려워
  일부러 흐르는 물로 온 산을 둘러막았네.
                            - 「제가야산독서당」 최치원

최치원이 있던 그 산속엔 세상 시비 막아 주는 흐르는 물이 미친 듯 돌 사이를 달린다. 생동감 넘치는 표현이다. 그때나 지금이나 세상살이라는 건 시끄러운 건가 보다. 인간 세상이란 건 언제나 어디서나 시기 질투가 난무하는가 보다. 나 또한 세상만사 다 끊고 조용히 살고 싶어, 최치원의 시에 기대어 본다. 바위와 산과 나무와 흐르는 물소리를 들으며 그의 독서당에서 책읽기에 몰두하면 세상은 온전히 나를 위해 만들어진 것. 나를 제대로 바라볼 것 같다.

  그는 책 읽기를 빌미로 세상과 담을 쌓은 게 아닐까. 세상 시비를 벗어난다는 말은 핑계고. 조용한 곳에서 학문과 이치를 탐구하겠다는 이유가 먼저일 거다.

> 잔교를 굽어보며 구불구불 내려와
> 돌아보니 지나온 길 아득히 매달려 있네.
> 바위가 날아온 듯 산은 땅에서 솟았고
> 시내가 서 있는 듯 폭포는 하늘에 드리웠네.
> 공중에서 음악 소리 절로 생겨나 들리는데
> 뭇사람 떠드는 소리는 들리지 않네.
> 바야흐로 알겠노니 어젯밤 자던 곳이
> 그윽한 곳 흰 구름 걸린 산마루였음을.
>
>   -「박연」신위

  난 이 시를 음미하며 안견의 그림 「몽유도원도」가 슬그머니 뇌리에 그려진다. 신선이 사는 곳 같다. 바위가 날아온 듯한 산, 하늘로 뻗친 폭포, 공중에는 자연의 음악 소리, 흰 구름 산마루에 걸린 그곳은 신선들이나 살 법하다. 시구절만 봐도 박연폭포

주변이 선명하게 그려진다. 우선 경치가 매우 아름답다. 그 기다란 폭포를 시내가 하늘을 향해 우뚝 섰다고 한 표현은 가히 놀랍다. 뭇사람들 소리 없는 자연 속에서 흰 구름 벗 삼은 산마루라니. 구절마다 어찌 이토록 간결하고 단아하게 그리고 맑고 아름답게 표현했을까.

  이 시 앞에서 나는 혼탁했던 마음이 정화된다. 그 풍경이 그대로 내게 전해진다. 그 상쾌하고 신선한 박연폭포가 내 눈앞에서 시원스레 쏴아쏴아 쏟아진다.

맹자의 경고

"어찌하여 이로움을 말하십니까?"

『맹자』는 맹자의 주도하에 제자들과 함께 쓴 책이다. 그의 철학과 유세여정과 그가 맞닥뜨린 시대에 대한 기록물로 전국시대 중기에(기원전 403~221년) 정치와 인간에 대한 사상을 중심으로 정치론에선 '왕도'를, 인간론에선 '성선'을 주제로 썼다.

좋은 정치는 어떤 거고, 어떻게 실천해야 하고, 사람은 어떤 가능성을 갖고, 어떻게 노력해야 할지를 설명한다. "사람들은 누구나 차마 타인의 고통을 외면하지 못하는 마음을 가지고 있다."라는 전제로 불인인지심(不忍人之心), 불인인지정(不忍人之政), 유자입정(孺子入井)의 선례를 들고, 측은지심(惻隱之心), 수오지심(羞惡之心), 사양지심(辭讓之心), 시비지심(是非之心)을 가졌다며 이런 마음이 없다면 사람이 아니라고 말한다. 이 마음은 각각 인(仁), 의(義), 예(禮), 지(智)로 사람이 마땅히 갖추어야 할 성품이다.

그러니까 맹자의 주장은 사단지심(四端之心), 선한 마음을 잘 보존해 인간의 선한 본성을 잘 기르고, '성선(性善)'의 본질은 한 조각의 선한 마음이 나의 행동을 선한 쪽으로 이끌어야 하며 '왕도'는 성선에 뿌리를 두고, 도덕적 성장을 위해 노력해야 한다는 거다.

즉, 힘을 사용해 인을 실천하는 것처럼 하는 것은 패도, 덕으로 다스리며 인을 실행하는 것은 왕도다. 맹자에게 정치의 기본은 백성을 잘 보호하고. 의식주에 어려움이 없고. 교육하는 거다. "산 사람을 봉양하고 죽은 사람을 장사 지냄에 유감이 없게 하는 것이 왕도정치의 시작이다." 이런 근본부터 실천하는 것이 좋은 정치란다.

아버지는 초등 시절에 사서삼경을 줄줄 외워선지 평생 어떤 사건이 있을 때마다 당신 말을 하기 전 늘 "옛날 공자님 말씀에, 맹자님 말씀에…" 하시며 한자를 쭉 나열하여 풀이하시고 "어떻게 그렇게 딱 맞아떨어지는 말씀들을 하셨는지 모르겠다." 하시곤 했다. 그러니까 그 옛날 내가 어렸을 때 아버지한테 들은 공자님, 맹자님 말씀이 그때도 맞고, 지금도 맞다. 그 옛날 옛적 책인데도 현대 상황과 이치에 변화가 없다. 현시대 정치인들에게 조언이 될 만한 성어들이 많다. 맹자의 왕도, 민중이 근본이 되는 정치를 그들에게 주문한다.

뉴스를 보면 지금의 정치판은 극과 극, 서로 대립각을 세우며 자신의 당만 옳고 상대 당은 옳지 않다며 공정과 상식을 벗어난 말씨름만 하느라 바쁘다. 국민도 사적 만남에서 정치 이야기가 나오면, 그들 당 편에서 상대 당을 비방하느라 바쁘다.

"민(民)이 가장 귀하고, 그다음으로 중요한 것이 사직(社稷)이고, 군주는 가장 가벼운 존재다. 그러므로 백성의 마음을 얻는 자가 천자(天子)가 된다."

이 시대 위정자들이 민중을 정치의 근본으로 여긴다면, 사리사욕을 위해 온몸으로 투쟁하진 않을진대. 위정자들 자신의 욕망을 채우려 나라의 이익인 양 가장하는 패도 정치인들이 수두룩하다. 과연 맹자의 말처럼 덕으로 다스리며 인을 실행하는 왕도정치는 없는가.

"어찌하여 이로움을 말하십니까?"

맹자가 양혜왕을 향해 힐책하며 정치에서 중요한 것은 이익이 아닌 인의(仁義)라고 말하는 것처럼, 이 시대엔 대통령 그림자 노릇을 하는 사람 중에 용기 있는 정치인, 어른은 없단 말인가.

채상병 특검법, 김건희 도이치모터스 주가조작 특검법, 명품가방 수수 의혹, 양평고속도로 의혹, 이태원참사 특별법, 화천대유 50억 뇌물의혹법안, 양곡관리법, 간호법, 노란봉투법, 방송3법 등 대통령은 자기 이로움을 위해 수없이 거부권을 행사한다. 그러나 누구도 대통령 당에서 이를 정의롭게 제기하는 사람은 없다. 대통령에게 불리해서다. 분명 대통령 입으로 "특검을 왜 거부합니까. 죄를 지었기 때문에 거부하는 겁니다."라고 전 국민이 똑똑히 지켜보는 앞에서 큰소리쳤지 않았는가.

좋은 정치를 잘할 수 있음에도 하지 않는 이유는 무엇인가. 대통령의 눈 밖에 날까 봐? 자기 자리를 보존하지 못할까 봐? 이 땅의 진정한 정치인이라면 권력의 칼에 굴복하지 말고, 국가와 국민의 이익을 위해 칼에 맞서란 말이다. 용기 있게 자신의 목소리를 내란 말이다.

홉스는 왜?

"인간에게는 타인의 결함을 보고 웃는 경향이 있다. 동정심도 타인의 불행을 보면서 자신에게 언제 닥칠지 모르는 미래의 불행에 대해 하게 되는 상상일 뿐이다."

홉스는 왜 이렇게 말할까. 어찌하여 타인의 결함을 보고 웃는다고 할까. 그것은 모독이다. 비단 나뿐만 아니라, 보통 우리 인간이면 느끼는 안타까움이며 슬픔이다. 그의 말은 상당히 부적절하다. 물론 원수지간에는, 아주 못된 인간이 그에 대한 별로 결함을 갖게 됐다면 웃을 수도 있겠다. 그러나 모르는 상대의 결함을 보고 웃지는 않는다. 왜냐면 우리 마음에는 동정심 같은 것이 있으므로.

우리는 타인에 대해 관심이 없다. 또한 타인의 불행을 보고, 미리 나의 미래를 상상하거나 불행을 생각하지 않는다. 현시대를 살아가는 현대인들은 너무 바빠서 남을 관찰할 시간이 없다. 그것도 불행한 상상은 더욱 안 한다. 부모와 자식 간의 애정 역시 관심 때문이 아니다. 그것은 천륜이기에 자연스러운 거다. 한 핏줄로 연결되었기에, 천륜지정이기에 저절로 애정이 가는 거다.

홉스는 또 "타인에 대한 관심은 자신에 대한 관심의 부산물이며, 낯선 사람을 돕는 행위는 우정이나 평화를 얻으려는 행위이고, 사회는 자연 상태의 고통과 위험을 회피하려는 수단"이란다.

낯선 사람을 돕는 행위도 우정이나 평화를 얻으려는 목적이 아니다. 인지상정, 역지사지 때문이다. 아무리 낯선 사람이라도 그가 위험에 빠져 있거나 도움이 필요할 때 저절로 발동하는 인심, 인정이라는 게 있어서다. 절대 우정이나 평화를 목적으로 하지 않는다. 조건 없는 인간의 행동이다.

그리고, 사회는 자연 상태의 고통과 위험을 회피하려는 수단이 아니다. 그것은 사회가 아니라 가정이다. 개인의 고통과 위험은 먼저 가정에서 보살펴져야 한다. 물론 가정이 없는 경우라면 홉스의 말이 맞지만, 우선 내 가족이 있는 곳이어야 한다. 가정에서 평화를 얻어야 사회가 안전해진다. 홉스는 욕구를 충족시키는 능력이 이성이라고 말하지만, 나는 감성과 지성도 함께 해야 한다고 본다.

비평의 의미

황현산은, "시가 모험이라면 비평도 모험이다. 비평은 시와 더불어 안온하지만 비열한 삶 밖으로 한 걸음이라도 내디디려고 애써야 한다. 비평은 시와 더불어 그 힘의 언어가 되어야 한다."라고 말한다. 그러면서 그는 비평가의 바람처럼 작가의 말이 늘 지식으로 환원될 수 있었다면 작가는 시를 쓰거나 소설을 쓰지 않을 것이라고 지적한다. 시가 비평에 영합할 때 발생할 수 있는 위험이나 비평의 무능으로 인한 결과일 수 있다고도 설명한다.

비평은 흔히 두 가지 기능을 동시에 수행한다고도 말한다. 작품에 대한 이해를 꾀하고, 그 역사적 맥락을 정리하는 해석의 기능과 미학적이거나 윤리적인 관점에서의 그 적절성 여부와 한계를 지적하는 기능이고, 한쪽이 작품에 대한 지식으로서의 비평이라면 다른 한쪽은 평가로서의 비평이라는 거다. 비평가가 늘 잊기 쉬운 것은, 그가 자기 동시대 작가의 작품을 지식으로 정리할 때나 그 한계를 지적할 때도 그가 작가보다 우월하거나 앞선 자리에 있기 때문에 그 일을 하는 것이 아니라는 거다.

「비평의 언저리」에서 황현산은 "시인을 발견하는 것은 시인"이라고 말한 김수영을 끄집어내 서두를 장식하고 있다. 여기서 말한 시인은, 시인처럼 체험한 현실 속 독자와 비평가다. 시인은 현실 속에서 다른 현실을 언어로 만들어 내고 그 현실을 스스로 체험한다는 뜻이다. 이 또한 비평이 진정으로 해야 할 일이라고 비평의 의미를 말한다.

비평가의 역할은, 작가가 제기하는 어떤 문제와 해답이 진정할 뿐만 아니라 마땅히 제기되어야 할 것이라는 점을 가장 먼저 공적으로 확인해 주는 사람이다. 시가 비평에 영합할 때 발생할 수 있는 위험이나 이것이 비평의 무능으로 인한 결과일 수 있음을 지적하는 것도 이런 맥락이다. 그래서 비평가는 가장 먼저 '공적으로 확인해 주는 사람'이어야 한다. 비평은 사유의 한계에 대해 인식하는 동시에 한계를 사유하는 일을 수행할 때 비로소 비평을 위한 비평에 머물지 않을 수 있게 된다는 주장은 창작과 비평의 관계를 성찰하는 데 중요한 지침이 된다.

비평가는 동시대 작가의 작품을 잘 안다고 생각하며 그것에 대해 판단하고 평가하려고 하지만, 비평가 역시 작가와 같은 지적 풍토에 살며 그 시대의 주관성에 갇혀 있는 존재라는 점에서 한계적 상황에 처해 있어, 작가와 비평가는 문제와 해답을 만나는 방식이라는 거다. 그것을 제기하는 방식에 있어 차이가 있을 뿐 동일한 조건 안에서 글을 쓴 존재들이라는 것.

따라서 문학 현장에서 생산되고 있는 작품을 이미 정리된 이론 체계 속에 단순히 대입하려는 시도나 작가와 작품을 온전히 파악할 수 있다는 자기 확신적 믿음은 언제나 위험할 수 있다.

그래서 비평가는 작가가 제기하는 문제와 해답이 진정할 뿐만 아니라 그것들이 마땅히 제기되어야 한다고 가장 먼저 공적으로 확인해 주는 사람이어야 한다. 비평이 진정으로 해야 할 일은, 현실 속에 다른 현실을 체험하며 언어로 만들어 내야 한다. (참고: 임유경 외『글과 생각』, 한국방송통신대학교출판문화원, 85~93p 정리)

　황현산의 비평론에 대한 나의 견해 역시 그의「비평의 언저리」에서도 말했듯 "비평가는 작가가 제기하는 문제와 해답이 진정할 뿐만 아니라 그것들이 마땅히 제기되어야 하고, 가장 먼저 공적으로 확인해 주는 사람이다."와 일치한다.

　그러나 누가 나눠 주는 시집이나, 도서관에서 만난 시집들을 살펴보면, 비평다운 비평이 없다. 비평가가 시인과 잘 아는 사이인지, 오로지 칭찬 일색 해설로만 채워졌다. 그래서 만인들은 말한다. 비평이 아니라 오로지 사탕발림 평만 있다고. 그러니까 읽을 만한 비평이 없다. 그저 근사하게 어디서 주워 온 외국말과 이해하기 어려운 말들로 포장해 놓았을 뿐이다.

　도대체 왜 비평다운 비평이 없는가. '비평가는 어떤 작품을 가장 먼저 공적으로 확인해 주는 사람'이라면서 왜 제대로 설명하지 못하는가. 내가 받은 책들이 모두 그 모양이다. 그래서 나는 그냥 시를 읽고 내 느낌으로 해석하지, 뒤 페이지에 딸린 비평가의 비평은 잘 읽지 않는다.

　시 같지 않은 시를 유명한 비평가가 칭찬 일색으로 평했다고 해도, 그 평을 받아들이지 않는다. 10개의 시 중에 1개라도 제대로 된 비평을 해 준다면, 다른 9개의 호평은 읽어 보겠지만 말이다. 보통 시집 한 권에 70개 정도의 시가 들어간다. 그러면 그중 몇 개는 수준 미달인 작품도 있다. 그런데 비평가는 그런 시를 끄집어내는 혜안이 없다는 건가. 이는 비단 시뿐만 아니라 타 장르도 마찬가지다. 거의 다 그렇다. 그래서 난 작가론은 쓰지만 작품평은 쓰지 않는다.

진정 참눈으로 보고, 참가슴으로 읽어 내, 비평다운 비평을 칭찬 일색인 비평 속 한 모퉁이에 슬그머니 끼워 준다면 독자는 즐거울 거다. 글 읽는 재미를 느낄 거다. 그러나 그런 비평은 찾아볼 수 없다. 그저 잘 썼다, 독특하다, 신선하다, 매우 잘된 작품이라는 비평 아닌 호평에 지나지 않는다. 이에 독자는 신물을 느낀다.

어찌 보면 그건 작가 탓일 수도 있다. 작품이 돋보이도록 비평가에게 어떤 호의를 베풀었을지도 모른다. 이유를 막론하고 작가는 작품에 정맥을 그어 피를 쏟아야 하고, 비평가는 더 솔직하게 읽어 내 까발려 끄집어내야 한다. 공정한 비평으로 눈치 보지 말고 써 내야 한다. 텍스트가 독자에게 준 영향도 설명해야 한다. 그래야 시인은 한층 성장하고, 독자는 시 보는 눈을 키우게 된다. 그것이 진정한 비평가의 할 일이다.

북토크

 X 작가는 왜 이런 책을 냈을까. 에세이 같은데 소설책이다. 페이지를 넘기고 읽어 보고 읽어 본다. 그런데 진도가 안 나간다.
 재작년 그 책이 한참 인기 있을 때, 도대체 어떤 책이길래 그토록 독자들이 열광하는가, 궁금해 도서관에 갔었다. 표지는 따스한 감성이 녹아 있어선지 나쁘진 않았다. 책장을 넘기며 쓱 읽어 내려갔다. 그런데 페이지를 넘길 때마다 왜 이 책이 베스트셀러인지 의문이 들었다. 한마디로 좀체 진도가 나가지 않는 것이었다. 내 취향이 아니어도 읽혀야 하는데 읽히지 않았다. 너무나 잔잔하고 너무나 평범한 이야기로 내 눈길을 사로잡지 못해 톺아보지 못하고 그 자리를 빠져나왔다.
 그러곤 얼마 후, 그 도서관에서 그 책 저자 북토크를 한다는 메시지가 날아왔다. 여기 시골까지 인기 작가가 온다니 호기심에 북토크 신청을 했다. 그러곤 신청자 중 내가 그녀에게 질문한 게 채택돼 책 선물까지 주겠다고 해 그녀를 만나러 그 현장에 갔다. 그녀는 책 내용처럼 조용조용 말했고 조신해 보였다. 나는 그 자리서 당돌하게 어떻게 해서 그렇게 인기가 있게 됐냐고 물었다. 그랬더니 출판사에서 상당한 땀을 흘린 것 같다고 했다.

　집에 와서 다시 그 책을 잡았다. 그 책을 읽으면서 나는 자꾸 '그런데, 그런데'라는 생각이 들었다. 아무리 읽어도 거슬리는 게 자꾸 신경 쓰인다. 그것은 아까도 말했지만 짧은 에세이 혹은 일기 같은 글에 하나하나 제목을 달아 놨기 때문이다. 책장을 넘길 때마다 그 제목들이 자꾸 짜증이 난다. '굳이 에세이를 소설로?'라는 의문은 읽으면서 계속 가시질 않았다. 작가는 분명 하루 한 편씩 쓴 에세이를 소설화시킨 게 분명해, 이런 생각뿐이었다.

　이야기 전개도 큰 굴곡이 없어 별 재미를 느끼지 못했다. 뭔가 다이내믹하고 쇼킹한 어떤 것이 없었다. 그저 수많은 제목이 어수선하고, 이야기해 나가는 방향도 밋밋했다. 그럼에도 베스트셀러다. 작가는 인터넷 어느 공간에서 글을 올리다 출판사 사장 눈에 띄어 책이 출판됐다고 했다. 출판사 사장의 영업능력 때문인지, 아니면 내가 느끼지 못하는, 독자의 심금을 울리고도 남는 뭔가가 있어선지 그녀의 책이 올해의 책으로 뽑혔다. 어쨌든 그녀는 대단한 사람이다. 그러면, 내가 그 책 내용을 이해 못 하고, 내 감성이 삭막하다는 건데.

　그러나 난 아무리 좋은 책이라고 봐주고 싶어도, 내 눈엔 억지춘향 같아 거슬렸다. 그 수많은 독자는 그런 잔잔한 내용들이 주변에서 볼 수 있는 이야기 같아 마음이 끌린 걸까. 어떻게 해서 그렇게들 그 책에 사로잡혔을까.

플라톤의 국가에서

플라톤이 『국가』에서 언급한 것은 주로 정의, 이상 국가, 민주주의다. 이 책은 주요 인물 소크라테스와 트라시마코스의 대화를 이용하는데, 어느 날 소크라테스가 아테네의 부자 노인 집을 찾아가 정의를 논하던 중 소피스트 트라시마코스는 '정의란 다름 아닌 강자의 이익'이라고 말한다. 트라시마코스의 이 말은 상당히 부정적이고 잘못되었다. 정의가 강자의 이익이라니, 내가 아는 정의는 사회나 공동체를 위한 옳고 바른 도리이지 강자의 이익이 아니다. 그렇다면 약자는 강자로 인해 불이익을 감수하라는 말인가.

그리고 정의는 남들에겐 좋은 거고, 불의는 나에게 좋다는 것도 오류다. 정의는 진정 강자와 약자를 떠나 옳고 바른 일에 중점을 두어야 하기 때문이다. 내가 옳고 바른 일을 했는데, 그렇지 못한 상대, 즉 남이 좋아서는 안 된다. 이것이야말로 정의롭지 못하고 도리에 어긋난 처사다. 또 잘못된 불의를 보면 벌을 주고 벌을 받아야 마땅하다. 그래야 정의롭다 할 수 있다. 탄로 난 불의를 눈감아서는 안 되며 세상에 알려야 한다. 그래서 불의와 상종 못 하게 해야 한다. 남들을 불의로 이겨 버리는 것은 덕이 아니라 죄악이다.

아리스토텔레스의 글 한 자락

 아리스토텔레스는 『니코마코스 윤리학』에서 "불멸의 존재가 되려고 최선을 다해야 하며, 우리 안에 있는 것 중에서 최고의 것을 따라 살아가기 위해 온갖 힘을 기울여야 한다." 말하고, 중용을 '덕'으로 보았다.

 우리 인간은 본성을 잘 갈고닦아야 한다. 맹자가 성선설을 주장하고, 순자가 성악설을 설파하고, 선하지도 악하지도 않음을 주장한 성무선악설도 있지만, 우리는 우리의 본마음을 잘 다스려야 한다. 그러려면 아리스토텔레스의 말처럼 이성을 잘 발휘해야 한다. 그래야 덕 있는 사람으로 거듭나게 된다. 그것은 그의 말처럼 스스로 갈고닦아야 한다. 왜냐하면 우리가 맹자의 말처럼 본성이 선하게 태어나도 자라온 환경에 따라 악인으로 바뀔 수 있기 때문이다.

 아리스토텔레스는 본성을 잘 다스리는 능력을 덕으로 보았다. 그 덕은 극과 극, 어디에도 치우치지 않는 중용이다. 그러면서 덕은 자기의 기분에 따라 달라진다고 믿고, 덕 있는 사람이 되기 위해 교육도 필요하다고 말한다. 우리 인간은 나이를 먹으며 살아가면서 수많은 변화와 부딪히고, 여러 부류의 사람과도 부딪힌다. 그때마다 사람의 본마음도 변하고 의외의 나와 만나게 된다. 아마도 아리스토텔레스는 그 변화 속에 사람의 본성도 달라진다는 걸 미리 염려한 게 아닐까.

　그래서 여러 부류의 사람들과 공동체 생활을 잘해 나가게끔 이성을 발휘하는 방법과, 덕과 중용을 중요시하고, 적절한 성품을 교육받아, 우리 자신의 본성을 잘 갈고닦아 나간다면, 아마도 이 공동체 사회생활이 큰 분란 없이 자연스럽게 화합하여 잘 살아갈 것으로 보았다. 시대가 아무리 변해도 우리는 아리스토텔레스의 인간관에서처럼 이성을 잘 발휘하는 법과 본성을 실현하는 능력의 덕과 중용으로 모두 잘 살아가길 원한다. 오랜 세월이 지났음에도 그의 인간관은 지금도 맞다.

3.

한낮의 쾌감

自立自生

따따따 따따닥 따닥 딱딱딱.

무슨 소릴까. 아들 방문에 귀를 댄다. 한쪽에선 방송 소리, 아이의 중얼거림, 또다시 따따따 따따닥 따닥 딱딱딱. 이때 온 집안엔 정적이 흐른다. 쥐 죽은 듯하다. 숨 막히지만 1년에 10번 이상 시험을 보니 어쩔 수 없다.

"엄마, 나 중학교 졸업 후 독립한 거 알지?"

한창 어미 아비 간섭이 필요한데, 혼자 다 알아서 살겠다며 아무 상관도 어떤 걱정도 말란다. 그래서 내버려둔다. 방치한다.

고 1, 만 15세. 하숙생 같다. 중학교 때까지 봉사와 등산, 여행을 즐기더니, 이젠 도서관이나 방에 틀어박혀 공부만 한다. 대학 입시가 저만치서 딱 버티고 있다. 1분 1초가 아까워 굶기도 하며 날밤을 새기도 한다. 친구들이 무섭게 공부하고 등급경쟁 때문이다. 입시 전쟁에서 죽어라 공부해 살아야 한다. 확고한 꿈을 이루기 위해 전력 질주 하지 않으면 안 된다.

아이가 내 뱃속에 있을 때 염원했던 자립자생. 아이가 태어나자 세뇌를 시켰다. 빨리 말하고, 익히고, 스스로 서기를 바랐다. 그 때문인지 어린 아기는 말귀를 알아듣고 6개월 때 정확하게

'엄마'를 부르며 젖 달라, 기저귀 갈아 달라, "엄마, 엄마" 하며 놀고, 30개월 때 구구단 9단까지 완벽하게 외우고, 33개월 때 한글을 깨쳐 책을 읽었다. 그러곤 5살 때 처음 어린이집을 보냈는데 영어책을 통째로 외우고, 홀로 비디오와 컴퓨터로 파닉스를 뗐다.

누구나 어릴 때는 남들보다 조금만 잘해도 천재라고 생각하듯 나도 그렇게 생각했다. 그러나 어느 날, 아이는 모든 걸 포기한 듯 희망이 없어 보였다. 독방을 고수하며 친구들과 담을 쌓고, 그동안 한 번도 결석을 안 하던 애가 자주 지각과 결석을 하기 시작했다.

"엄마, 나 왜 낳았어?" "나, 왜 태어났어?" "뭣 땜에 나 낳았어?"

아무리 생각해도 자기 존재 이유를 묻다 답이 없었는지, 허구한 날 같은 말만 묻고 따졌다. 참으로 더러운 사춘기였다. 부모 자식 간 가치 없는 분쟁과 상처만 남았다.

애를 힘들게 낳아 키우다 이렇게 무너지기도 하는구나. 말이 안 통해 멀어지기도 하는구나. 애를 키운다는 건 산 넘어 산이다. 이 애와 나는 얼마나 많은 상반된 시각과 대립으로 한고비 한고비를 넘어갈까.

"여행이나 하자."

옥신각신 힘들게 살 바엔 여행이나 가자. 아이에게 가고 싶은 여행지와 비행기표, 묵을 장소를 예약하게 하고, 계획을 짜게 했다. 세계에서 험하기로 유명한 곳, 부유하거나 가난한 곳, 아름답거나 누추한 곳들을 찾아다녔다. 구글 지도와 인터넷을 뒤져 어디든 아이가 원하는 대로 따라다녔다. 한참을 걷거나, 지하철, 버스, 택시, 배를 타기도 했다. 인도 최북단 라다크 5,360미터 히말라야 산꼭대기 험한 도로를 왕복 10시간 넘게 가서 가장 아름다운 호수 판공초도 보여 주며 새로운 걸 경험하고 낯선 환경을 접할 때마다 애가 뭔가 깨닫기를 바랐다. 일종의 성취감, 흥미로움, 성찰, 세상 견문, 생각이 달라지기를 바랐다.

그러곤 인도에 온 지 4년째 되던 해 시험 성적은 모두 A+와 A로 채워졌다.

"어떻게 해서 시험을 잘 봤니?"

미국 드라마를 봤는데 엄마가 갑자기 소중하게 느껴졌다나. 우리는 남편 일로 따라갔던 4년간의 인도살이를 끝내고 한국으로 돌아왔다. 아이는 곧바로 중학교 시험도 따라잡았다. 인도에서 영어를 인터넷으로만 독학했듯, 4년간 못 배운 한국 교과도 같은 방식으로 독하게 자학자습했다.

아이 방 청소를 하다 보니 상장 몇 개가 책장 귀퉁이에 버젓이 있다. 교과최우수상, 모범 표창장, 영어북토크대회 최우수상들이다. 아이는 늘 바쁘다. 새벽 5시에 기상 학교를 가장 먼저 도착해 자습하고, 쉬는 시간엔 영어와 과학 멘토로서 친구들 가르치랴, 수십 대 1의 경쟁을 뚫고 합격한 학교 임원으로 교내 봉사하랴, 학원을 안 다녀 혼자 도서관이나 집에서 연구하고 깨쳐야 하니 친구들보다 많이 힘들다.

따따따 따따닥 따닥 딱딱딱…. 커다란 칠판에 분필이 써지는 소리다. 시험 날짜가 닥치지 않더라도 이 소리가 아이 방에서 튀어나오면 온 집 안에 긴장감이 돈다. 시험이 끝나면 아이는 부리나케 서울 가서 봉사할 차례다.

그러곤 2년 후, 자기가 점찍은 임용고시 합격률 가장 높은 국립 사범대 영어교육과 수시 모집에 최초 합격했다. 후배 학생들이 자기처럼 사교육 없이 공부할 수 있도록 수업에 최선을 다해 열강하는 선생님, 삐뚠 사회가 되지 않도록 인성교육을 잘 시키고 싶은 선생님이 되고 싶어서다.

모든 결과는 골방에서 학교에서 도서관에서 진땀 흘리며 발에 불이 나도록 뛰어다니며 공부한 덕이다. 이제 한숨을 놓았는지, 아들이 3년간 받은 상장 17개를 내놓는다. 그러면 어미라는 사람은 그토록 악독한 사춘기 7년의 세월을 달콤히 보상받는다.

이후, 대학교 1학년을 마치자마자 군대에 입대하고 18개월 후 제대하자마자 일주일간 홀로 전국 여행을 하며 사색의 시간을 가졌다. 그러곤 바로 영어학원 강사로, EBS 영어 멘토 강사로, 학교 밖 아이들 영어 교육봉사로 하루 10시간 이상 7개월을 마치고 2학년으로 복학했다.

그래, 인생은 그렇게 혼자서 만들어 가는 거야. 누구한테 의지하지 말고 스스로 알아서 전진해. 울다 웃다 오뚝이처럼 일어서서 인생이란 미로를 꿋꿋이 헤쳐 나가!

질풍노도 사춘기

바깥은 지금 꽃물결. 세상천지가 다 꽃이다. 목련, 산수유, 개나리, 진달래, 벚꽃, 그리고 물이 오를 대로 오른 나무와 식물들. 그들끼리 축제를 벌이나 보다. 그러면 난 그들이 초대한 자연인. 한껏 그들이 내지르는 활기에 몸을 맡긴다. 청량하고 싱그럽다. 달떠 어찌할 바를 모르겠다.

산골 소녀 시절, 난 이 계절을 견딜 수 없었다. 청초하고 싱싱한, 황홀하게 아름다운 풍경 앞에서 알 수 없는 그리움에 요동쳤다. 참을 수 없을 만큼. 그때마다 나를 진정시켰던 건 일기장. 의지와 위로와 안식처 역할을 한 그 일기장은 지금의 나로 성장시키는 원동력이 되었다. 그러곤 그 일기장은 지지난해 한 권의 책이 되어 아래와 같은 서문을 남긴다.

환히 빛 든 날, 창고에서 곤히 잠자고 있던 비밀 박스를 깨웠다. 그동안 살면서 여러 번 그 박스를 생각했지만 선뜻 손이 가지 않았다. 여유도 없었고 옛일을 추억하는 게 겁났다. 박스 안에는 중2 때부터 고3 때까지 쓴 15권의 일기장이 들어 있었다. 세월의 더께로 찢기고 시커먼 먼지로 만신창이가 된 박스는

20년간 고향 집 광에서 굴러다니다, 집을 장만하고 가져와 쭉 창고에 보관하고 있었다.

자물쇠로 잠기거나 신문지로 꼭꼭 싸맨 일기장을 펼치니, 스스로 박제된 곤충들과 꽃잎, 나뭇잎들이 쏟아져 내렸다. 내 눈물과 한숨과 고민과 방황과 외로움도 쏟아졌다. 나는 어느새 그 시절로 돌아가 시간 여행을 하고 있었다. 여러 날 일기장을 끌어안고 냄새 맡으며 내 풋풋한 젊음을 엿들었다. 뿌듯하고 행복했다. 차곡차곡 쓴 내 젊은 날이 자랑스러웠다.

일기장에는 시와 그림, 꿈과 비밀 이야기들이 즐비하게 적혀 있었다. 읽다 보니 책을 내고 싶은 생각이 들었다. 사실 일기장 박스를 봉인할 때, 먼 훗날 일기장을 엮어 책을 내면 좋겠다고 생각했었다. 오래전 사춘기를 겪었거나 겪는 이들에게 위로와 위안이 되었으면 좋겠다.

바뀐 맞춤법과 약간의 문맥을 수정해 원문을 그대로 옮기는 데 최선을 다했다. 이 책 속 편지들은, 막연히 '미지의 사람에게' 쓴 글로 독자가 주인공이다. 그때 밤새워 썼지만, 수신인이 없어 부치지 못한 소녀의 편지를 받아 주시라.

-『그래도 난 빛나고 싶어』 서문에서 요약

그래서 고심 끝에 『그래도 난 빛나고 싶어』라는 책을 냈다. 표지와 속지 그림은 17살 때의 일기장에 그렸던 것들이다. 깜깜한 창고에서 수십 년간 꼭꼭 숨겨진 일기장 속 이야기를 세상에 내놔 빛나게 하고 싶었다. 마침 19살의 일기장에서 이 글을 발견한 까닭이기도 하다.

나 지금 작고 수줍어 눈에 띄지 않지만,
언젠간 빛나고 싶어.
나 아직 가진 것 없고 잘난 것 없지만,
주눅 들지 않고 빛나고 싶어.
나 비록 산골에서 넓은 세상 모르지만,
꿈이 있기에 빛나고 싶어.
훗날 내 바람대로 살지 않더라도,
나로서 당당히 빛나고 싶어.
설령 내게 세상이 암흑일지라도,
그래도 난 빛나고 싶어.

-「그래도 난 빛나고 싶어」 전문

여기저기 일기장 속엔 자연을 친구로 삼으며 외로움을 달래고, 진로를 고민하고, 인생이란 무엇인가를 질문하며 수없이 고뇌하고 방황한 흔적들로 가득하다. 질풍노도의 사춘기, 성숙의 아픔 탓일까. 그땐 왜 감정이 뒤죽박죽이었을까. 자주 신경질만 솟구쳤던 그때.

곧 라일락꽃도 피어나면 세상은 더없이 향기롭고 미풍은 나를 감싸며 달콤한 세계로 인도하겠지. 이어 아카시아꽃마저 합세하면 세상은 온통 꿀 내음으로 진동해 황홀난측한 세계로 몰고 가겠지. 4월의 밤공기를 마시며 사춘기 때로 돌아간다.

지금의 밤은 내게 안식과 평화를 주지만, 그때의 밤은 왜 그렇게 번민과 고뇌뿐이었던지. 진로를 생각하면 골치 아팠던 밤.

인생이란 물음 앞에선 혼란스러웠던 밤. 짝사랑에 찌릿찌릿했던 밤, 꿈과 비밀들이 일기장에서 쑥덕대던 그 밤들.

> 아무나 붙들고 무슨 이야기든 나누고 싶다. 주관적이고 철학적인 자기 인생에 대해서 토론했으면 좋겠다. "너는 무엇이 되어라, 너는 그것을 해야 한다."라는 말. 그 어떤 말을 내게 해 주었으면 좋겠다. 그렇게 이해와 관심을 보여 주는 사람이 있었으면 좋겠다.
> 그러나 아무도 없다. 내게 다정다감하게 다가와 조언해 줄 사람은 없다. 누구라도 좋으니 어서 내 곁에 나타나, 내 인생에 도움이 되는 말로 나를 잘 이끌어 주었으면 좋겠다.
> - 「조언자가 나타났으면」 중에서

내 나이 갓 이팔청춘. 소위 말하는 꽃다운 시기다. 하지만 학생으로서 이때를 즐기기보다는 지긋지긋한 공부에 전념해야 한다.

행복과 불행, 승자와 패자를 가르는 것은 공부에 달려 있기 때문이다. 이 세상에 하나밖에 없는 생명을 갖고 태어나 이름이라도 남기고, 높은 지위, 남들이 다 알아주는 사람으로 살고 싶다. (…) 하루가 지나면 내일, 세월은 가기만 하고 내 뜻대로 되는 건 없고. 매일 고민이다.

그러나 아직 희망은 있다. 신념은 노력으로 가망 100%이기에. 눈물의 골짜기를 걷고 삶의 괴로움을 걷자. (…) 나는 어떤 존재인가. 인생의 참맛을 알고 쓴맛을 알고 있는가. 하면 된다. 죽음이 닥쳐온다 해도 정말 뭐든 '하면 되는 것'이다. (…)
아무리 힘들어도 피나는 노력으로 참고 견디겠다.
  ─「아무리 힘들어도」중에서

사방은 온통 초록색. 향긋한 풀냄새. 맑은 아침이슬. 모든 게 마냥 싱그럽다.
요란한 새소리에 소녀는 잠에서 깨 하늘을 본다. 키 큰 미루나무도 본다. 새들이 어디선가 날아들어 신선한 공기와 얽혀 아름다운 그림을 만든다.
그러나 소녀의 몸짓엔 그윽한 슬픔 같은 게 배었다.
소녀는 탄식하듯 한숨을 푸른 하늘에 내뱉었다. 그랬더니 푸른 하늘은 소녀를 향해 청아한 냄새를 소녀의 입에 불어 넣는다.
  ─「초원에서」중에서

나는 은하수에 몸을 담갔다. (…) 내 몸은 밤에 묻혔고, 내 숨소리는 은하수 흐르는 소리에 묻혔다. (…) 몸에서 자그만 충동질이 일어나 압박감을 일으킨다. 거울에서 빛나 흐르는 뽀얀 살은 정말 어느 소설책의 여주인공 같았다. 그것은 처녀가 되기 위한 기초였다.
이제 내 몸은 가볍다. 저 밤하늘을 향해 날아가 버릴까.
신선하고 아름다운 밤. 주위는 점점 어둠으로 승화되었다. 다만 밤하늘의 손톱달과 별들의 반짝임만 있을 뿐. 붉어진 마음으로 하늘을 향한다.
어느 결에 밤하늘이 다정한 임이 되었다. 이대로 은하수에 누워 잠들고 싶어라.
  ─「은하수에 누워」중에서

그때가 사무치게 그립다. 일기장 속 짝사랑들은 어느 하늘 아래서 잘 살아가고 있을까. 그들은 날 모를 테지. 용기 내어 말 걸어 볼걸. 말 한마디 제대로 못 하고 멀리서 쳐다만 봤네. 그저 가슴만 쿵쾅쿵쾅. 그 시절을 뒤로하고 어느새 세월이 훌쩍 가 버렸다. 힘들었지만 아름답던 그때를 담은 내 책을 보니 다시 심장이 고동친다.

담배밭에서

불폭탄 열기가 투하되는 여름 한낮.

머리에 태양을 이고 담배밭으로 갔다. 콩밭, 옥수수밭을 지나 담배밭에 이르니 얼마 전만 해도 작았던 담배 싹이 우뚝우뚝 내 키만큼 자랐다. 바람이 불 때마다 그들은 출렁이는 초록 바다가 된다.

나는 이내 태양을 지고 밭고랑으로 들어섰다. 와락 숨이 막힌다. 온통 진초록 향연. 담배는 물이 오를 대로 올라 하나의 거대한 숲을 이루고 있었다. 이곳에선 세상과 담을 쌓은 듯 아무것도 보이지 않는다. 간신히 발뒤꿈치를 들어야 자분자분 싱그러운 바람이 느껴지고, 숲속 어디선가 재잘대는 새들의 수다와 신선한 자연의 향기만 물씬 풍길 뿐.

담뱃잎을 딴다. 똑. 똑. 똑. 담배 대만큼 커다란 잎사귀는 밑동부터 맨 꼭대기 분홍 꽃이 핀 곳까지 다닥다닥 붙었다. 한 장 한 장 담뱃잎을 딸 때마다 송진 같은 하얀 액이 나와 자꾸 끈적댄다. 담뱃잎은 생긴 것과 달리 연해 조심히 다루지 않으면 엮어 말리기도 어렵고 상품 가치도 없다.

겨우내 따뜻한 비닐하우스 속에서 싹을 틔워 밭에 옮겨 심었던 담배다. 여름 한철 알맞은 햇볕과 바람과 수분으로 왕성하게 자란 담뱃잎. 그들이 한껏 아름다움을 뽐낼 때가 바로 지금이다.

숨이 턱턱 막혀 기진맥진이다. 크고 무거운 담뱃잎을 한 아름씩 옮기며 부리나케 따니 온몸이 끈적끈적하다. 모든 숨구멍은 폭염에게 시위하듯 땀은 비 오듯 하고. 에이, 저 육시랄 놈의 태양. 누가 저놈에게 총을 쏴라!

아, 그러나 내 몸이 까맣게 그슬리고, 흙 범벅이 되어도 좋다. 나는 저절로 어느 시인의 시 「이름 없는 여인이 되어」처럼 살고 있지 않은가.

갈증을 못 이겨 산비탈 은행나무 밑으로 갔다. 산 숲은 자작나무, 보리수나무, 밤나무, 소나무가 잡초와 함께 칡덩굴로 가득 쳐졌다. 그 칡 줄기는 얼마나 힘차고 거센지 땅에 뿌리를 내리고 사는 식물인데도 자기 키보다 큰 나무와 숲을 칭칭 감았다. 독사, 살모사도 우글거리리라.

담배와 백반은 뱀이 제일 싫어하고, 뱀에 물린 데 담뱃잎이 특효라지만, 산기슭 밭에서 하루 종일 일할 생각에 자꾸 신경이 쓰인다. 내 발밑으로 슬그머니 기어오를지도 모를 뱀의 몸짓과 똬리를 틀고 뭔가를 갈망하는 눈빛.

나는 다시 태양을 안고 산에서 내뿜는 피톤치드를 마시며 밭고랑으로 들어갔다. 금방 또 땀으로 노배기다. 머릿속에서 볼을 타고 내려와 목덜미와 등줄기를 거쳐 땅으로 떨어진다.

히뜩히뜩 쳐다본 하늘과 창공, 온 산하가 눈부시다. 세상 모든 생물이 생기발랄하게 저마다 다른 모습으로 태어나, 자기만의 색깔과 소리와 향기로 역동하고 있다.

담배가 몸에 해롭다고 하지만, 때에 따라서 한두 개피의 담배는 오히려 인생의 멋과 여유를 담아낼 수 있지 않을까. 휴식을 취하거나 고뇌할 때 누군가에게서 날리는 푸른 담배 연기는 그를 더 낭만적으로 보이게 한다.

어느새 태양이 서산에 걸려 커다란 산그림자를 드리웠다.

페친의 초대

벌을 치는 페친(페이스북 친구)이 나를 초대했다.

나는 추억 속 오빠를 만나러 가는 기분으로 길을 나섰다. 페이스북에 올라오는 그의 글과 사진에 선한 진심이 느껴져서다.

한참을 달려온 산하는 한 폭의 그림이다. 숲속, 연못, 하늘, 구름, 들판, 꽃, 새들의 움직임. 산자락엔 벌통이 즐비하고 꿀벌들이 윙윙 소란하다.

벚나무 숲속에 차려진 식탁에는 옻나무, 오가피나무, 대추, 마늘을 잔뜩 넣어 끓여 놓은 백숙과 여러 가지 먹거리들이 나를 기다리고 있었다.

페친은 며칠 전부터 이 식탁을 위해 산에서 재료를 채취하고, 시장에서 닭과 먹거리를 준비하며 간혹 미소 짓고 설레며 우왕좌왕했을 것이다.

페친을 직접 만나 보니 그렇게 소탈할 수가 없다. 주름진 얼굴, 투박한 손, 진솔해 보이는 모습이 푸근한 여느 시골 아저씨다.

내가 여기까지 용감하게 온 이유는, 어렸을 때 우리 밭에서 꿀 따던 오빠 생각이 나서다. 잠깐이나마 그 시절로 돌아가고 싶었다.

우리는 잘 고아진 백숙을 먹고 차를 마시며 그동안의 인생 이야기를 나누었다. 페친은 30년째 벌을 치고 있단다. 꽃이 피는 곳이면 지방 어디든 옮겨 다니며 꿀을 딴단다. 페친이 추억 속 오빠처럼 꿀 병 2개를 내놓는다. 나를 주려고 준비한 거란다. 나는 얼른 꿀 병을 열어 맛을 봤다. 입안에 퍼지는 풍미가 진한 게 향긋하고 달다.

한여름 깊은 산에 피어난 피나무꽃 꿀과 봄에 여기저기 흐드러지게 피어난 아카시아꿀. 페친이 직접 채밀한 꿀이어서인지 사무치게 먹고 싶던 그 맛이다.

나는 지그시 눈을 감았다. 엄마가 만든 빵떡과 부침개와 김치를 가지고 오빠에게 달려간다. 저만치서 오빠가 미소 짓는다. 오빤 답례로 꿀을 한 대접 퍼 준다. 나는 달콤함의 구렁텅이로 빠진다.

어느새 저녁놀이 타오른다. 초가을 풍경이 처절하게 아름답다. 실로 선물 같은 하루다.

구독자 만들기

자고 일어나니 내 글에 대한 찬사가 쏟아졌다. 책 주문은 연잇고, 통장에는 돈이 쌓였다.

상상이라도 즐겁게 하자. 책을 낼까 말까, 16년간 고민하다 책 한 권을 냈다. 책을 내면 누군가가 내 책을 사서 읽어 줘야 하는데 대책 없이 책 내는 일이 겁났다. 미끼와 판로가 문제였다. 독자를 사로잡을 글발도 좋아야 했고, 화려한 경력도 필요했다.

16년 전 수필집 한 권 내놓고 바로 애를 낳고, 5년 후 또 애를 낳아 기르며 글 쓰는 작업은 쉽지 않았다. 글 좀 쓰려면 애들은 수시로 들락거리며 제 어미에게 안겨 젖 달라, 기저귀 갈아 달라, 원하는 걸 해 달라고 보챘다.

나는 원고 청탁이 오면 마다하지 않고 응하고, 여기저기 문학지와 방송사, 신문사에 무턱대고 투고하는 걸 좋아했다. 원고는 투고하는 족족 발표가 됐다. 세어 보니 수십 군데. 외국에서 한인들이 보는 일간지와 격주간지에 11년째 수필 연재도 하고 있다. 원고료는 없다. 끊임없는 글쓰기로 인해 얻어지는 실력과 경력 쌓기다. 어쩌다 유명 잡지나 일간지 에세이난에 글이 실리면, 꽤 많은 원고료를 받고 유명세를 얻기도 한다.

　몇 년 전 남편이 인도 주재원으로 가 있게 돼, 그곳에서 4년간 정착하게 되었다. 모든 세계가 낯설고 새로웠다. 나는 수시로 여행자의 모습으로 인도 구석구석을 찾아 나섰다. 모두 진귀한 보석이었고, 흥미로움이었으며 글감이었다. 그렇게 쓴 글이 책 한 권 분량이 되었다.

　한국에 오자마자 발표한 글들을 1년간 수없이 퇴고했다. 내 딴에는 책이 팔릴지도 모른다는 환상에 여러 군데 유명한 출판사에 원고를 보냈다. 하지만 답변은 하나같이 자기네 출판사와 맞지 않는다고 퇴짜를 놔 버린다.

　요즘처럼 책이 안 팔리는 시대에, 더구나 인도에 관한 책은 팔리지 않는다는 공식에 1천 권의 책을 어떻게 팔 것인가. 고심 끝에 페이스북에 목을 맸다. 출판사에 원고를 넘긴 날, 페이스북 친구들은 고작 3백 명. 페이스북 친구 만들기 작전에 몰입했다. 최소 3천 명은 돼야 광고가 될 것 같았다.

　그곳은 늘 여러 분류의 사람들로 시끌벅적했다. 한 사람, 한 사람 친구 신청을 했다. 그러던 어느 날, 하루에 3백 명, 2백 명씩 친구 신청이 쇄도했다. 마음이 급해 족족 친구로 받으니 어언 3천 명이 넘었다.

　수시로 '좋아요'와 댓글과 답글을 다니, 정성을 들인 만큼 내게도 좋아요와 댓글이 수백 개씩 쌓였다. 나는 종종 내 책에 관한 이야기와 사진 동영상도 올렸다.

드디어 작전 개시의 날, 책이 나와 동영상을 찍어 올렸다. 1천 권 중 5백 권은 전국 주요 서점과 온라인 서점에 뿌려지고, 5백 권은 내가 직접 팔 작정이었다. 좋아요와 동영상 조회 수가 늘어날수록 책 주문은 늘어났다. 한 사람이 10권 20권씩 사 주기도 하고, 5권 1권씩도 사 줬다. 축의금과 선물도 여기저기서 보내왔다. 10만 원부터 5만 원, 산삼, 홍삼, 곶감, 목걸이, 과일, 케이크… . 별의별 것이 다 들어왔다. 어떤 독자는 매주 피자와 치킨, 여러 가지 과일을 보내 준다.

　2일에 1백여 권, 일주일에 3백여 권, 한 달쯤 5백여 권의 책이 나갔다. 인터넷 서점과 오프라인 서점에서도 샀다고 인증 사진을 보내왔다. 이어 나온 e북은 해외에서, 국내 대학교, 공공도서관에서 팔렸으면 좋겠다.

　어떤 독자는 작가를 만나고 싶다며 대구에서, 부산에서, 강원도에서, 전라도에서 올라왔다. 명절 때나 무슨 때가 아니라도 수시로 전국 구독자들이 보내오는 선물은 마치 연예인인 양 즐겁다. 가장 기분 좋은 건 읽어 보고 재미있어서 지인에게 선물하겠다며 책을 재주문할 때다. 그러곤 첫 책도 읽고 싶어 인터넷 서점을 뒤졌다며 언제 또 책을 낼 거냐고 물었을 때다. 나의 2집 구독자 만드는 법은 상상한 대로였다. 책 판매 대금과 인세가 쌓인 통장을 보며 슬몃 웃는다.

미래의 어느 때에 가서

너는 장차 큰 인물이 될 거다. 빛나는 사람이 될 거다. 자신감 넘치는 사람이 될 거다. 그런데 어찌하여 아직도 게으름 피우느냐. 일어나, 일어나라. 잡생각일랑 그만하고, 묻는 말엔 어물쩍거리지 말고, 나태함에서 벗어나라. 너는 본시 영민함과 천재성을 갖춘 아이 않았느냐. 그런데, 왜 자꾸 누워 있기만 하고 성실하게 책상에 앉아 있지 않느냐. 왜 공부하지 않느냐. 아무 책이라도 읽고 사색에 빠졌으면 한다. 언제까지 딴짓하며 딴생각하는 거냐. 이젠 그런 잡생각으로부터 탈출하자꾸나 얘야. 네가 채 3살도 안 됐을 때 너는 이미 말주변이 상당하였잖느냐. 누가 가르쳐 주지도 않았는데 조리 있게 말을 문장으로 해 제 부모를 감동시켰던 똘망똘망한 아이였지 않았느냐. 그 나이 때 애들은 겨우 단어로 말할 때 너는 학생처럼 긴 문장으로 얼마나 말을 줄줄줄 잘했는지 아느냐 얘야. 영어 또한 얼마나 잘해 외국 애들하고 신나게 지저귀며 깊은 밤이 될 때까지 활발하게 놀았지 않았느냐 얘야. 네 아비는 강원도 산골짝 찢어지게 가난한 집에서 중학교도 가지 마라, 고등학교는 꿈도 꾸지 마라, 대학교는 쳐다보지도 마라는 할아버지 말씀을 귀가 따갑게 들었건만, 그래도 공부하고 싶어 그 말씀 거역하고, 중 3 여름방학 때 죽어라 책만 수백 권 읽었다지 않느냐. 그러곤 독하게 맘먹고 '하면 된다'는 글자를 책상 위에 붙이고 하루 4시간 잠자는 시간 빼고 공부만 죽어라 했다지 않느냐. 서울 상위권 대학 소위 SKY에 가고 말겠다는 일념으로 그렇게 악독하게 공부했다잖느냐. 그런데 어찌하여 너는 네 아비를 닮지 않았느냐. 어찌하여 네 형을 닮지 않았느냐. 그러면 네 어미를 닮았다고? 그러면 난 할 말이 없지만 말이다. 지금 당장 벌떡 일어나 책상 앞에 앉아 책을 펴자 얘야. 고 2, 아직 늦지 않았으니 미친 듯이 공부하자 얘야. 시간이 있다. 기회가 있다. 아는 누나 지지리 공부 못해 이름 없는 전문대 갔지만, 정신 바짝 차리고 죽어라 피나는 노력으로 명문대학교와 대학원을 나와 석박사 따고 지금은 어엿한 대학교 정교수 되었으니 너도 잘할 수 있다 얘야. 힘내 미쳐 보자. 빠져 보자. 너는 본시 똑똑하게 태어났으니, 노력하고 노력해 네 꿈을 찾아가자꾸나. 이 세상은 아무리 잘났어도 노력하지 않으면 허탕. 아무것도 안 된단다. 이왕 사람으로 태어났으니 너 하고 싶은 것, 네 재능 찾아 무엇이든 해 봐야 되지 않겠느냐. 그러니 어서 부지런 떨고 부단히 노력해 보자꾸나. 지금의 현실을 회피하지 말고 맞서 싸우자꾸나. 공부 숲에 들어가 최선을 다 하자꾸나. 일어나 어서! 너는 장차 큰 인물이 될 거라 믿는다. 스스로 알아서 공부할 거라 믿는다.

치명적 1초

　미쳤다. 내가 사람을 쳤다. 남에게 피해 주는 일은 절대 하지 말자며 잘 살아왔는데. 눈앞이 캄캄하고 머릿속이 하얗다. 차에서 내려 사고를 확인해야 하는데 몸이 말을 듣질 않는다.
　목격자가 달려와 창문을 깨부술 듯 쾅쾅댄다. 빨리 나와 경찰 부르란다. 곧 경찰차가 몰려왔다. 그래, 난 이제 감옥행이다. 분명 내 차가 사고를 냈다. 누군가가 부딪혔고 차 밑으로 들어갔다.
　아니다. 잘못한 것 없다. 노란불만 보고 달렸단 말이다. 초록불에서 노란불로 바뀔 때 차가 서지 못하면 얼른 달리라고 교육받았다. 근데 왜 사고가 나냔 말이다. 정신 차리고 운전했단 말이다. 근데 사고 지점에 횡단보도가 있다. 난 분명 횡단보도를 못 봤다. 초록불도 못 봤다.
　차라리 이 순간이 악몽이었으면. 빼도 박도 못할 현실을 어떡하나. 내 손에 수갑이 채워지면, 누가 내 어린 새끼를 돌봐 주나. 제발 다시 사고 1초 전으로 되돌아갔으면. 얼마의 시간이 흘렀을까. 차 밑에서 아이가 기어 나와 꾸벅 인사를 한다.
　"아줌마, 죄송해요. 저 괜찮아요."
　잘못됐다고 상상했던 사람이 잘못했다고 인사를 한다. 지금 상황은 꿈인가. 생시인가. 나는 부리나케 현실을 확인하려고 차에서 나와 방금 그 아이를 꼭 안았다. 9살 남자애다.

경찰들은 주변 상황을 촬영하고 나를 경찰서로 불렀다. 애는 머리부터 발끝까지 CT와 MRI, 온갖 검사를 하러 갔다. 나는 오랫동안 그곳에 머물러 그들의 질문에 답하고, 계속 뭔가를 써냈다. 수 시간이 흐르자, 애와 애 엄마가 경찰서로 왔고, 애의 검사 결과가 나왔다.

"감사하게 생각하세요. 애가 다친 데가 한 군데도 없네요."

그날 사건은 내가 초보운전 3개월 차 때로 자신만만하게 타 도시로 친구를 만나러 가 놀다 그녀가 데려다 달라는 곳에 내려주고, 1킬로미터 지점 세거리를 달리던 중 노란불이 켜져 얼른 달렸는데, 그 20미터 지점에 또 노란불이 켜져서 이어 달렸다. 나는 거기에 차마 건널목이 있다고 생각도 못 했을뿐더러 보지도 못했다. 건널목을 막 지나는 사이 초록불이 켜지자마자, 내 차 옆에 섰던 애가 길 건너편 태권도 차를 타려고 막 뛰다 내 차와 부딪혔다.

나는 애를 못 봤고, 애는 내 차를 못 봤다. 나는 오로지 노란불만 봤고, 애는 태권도 차만 봤다. 나는 시선을 멀리해서 건널목을 살폈어야 했고, 애는 초록불이 켜지고 하나 둘 셋만 세고 뛰었다면 사고는 일어나지 않았다.

내가 1초 빨리 아니, 1초 늦게 달렸거나, 애가 1초 늦게 뛰었으면 아무 일도 일어나지 않았을 것이다. 목격자는 애가 오른쪽

차 범퍼에 부딪히고 붕 떴다가 차 밑으로 들어갔다고 했다.

  언제 어디서든 위험 상황이 돌발할 수 있고, 생사를 망각한 교만심으로 전후좌우 멀리까지 똑바로 보지 못한 내 운전이었다. 순간 잘못으로 여러 사람에게 고통을 주고 평생 죄인으로 살 뻔했다.

악독한 팬데믹

　총성 없는 세계대전이 시작된 지 1백 일이 지났다.
　여기저기서 사람들이 죽어 나간다. 이 전쟁의 끝은 언제일까. 소리도, 냄새도, 형체도 없는 전쟁의 무기는 코로나19 바이러스. 연일 주가는 폭락하고, 감염자와 사망자가 늘어만 간다. 세계가 촉각을 곤두세웠다.
　중국 우한에서 시작된 코로나19는 가까운 우리나라를 포함 아시아를 침략하고, 전 세계로 퍼져 나가 순식간에 230만여 명이 감염되고, 16만 명의 목숨을 삼켰다. 미국은 하루 동안 4만여 명이 확진됐고, 2천 명 넘는 사망자가 발생했다. 사망자가 많은 중국, 이탈리아, 미국은 시체를 화장조차 할 수 없는 지경에 무인도 같은 버려진 땅에 구덩이를 파서 합동으로 묻는다.
　이 치명적 바이러스는 눈에 보이지 않아 더 무섭다. 증상이 잘 나타나지 않아 누구든 언제 어디서 감염되고 전파해 목숨을 위협한다. 우리는 나와 타인을 보호하기 위해 마스크를 쓰는데, 미국과 유럽에선 여전히 마스크를 쓰지 않는 사람들이 더 많다. 그들 문화는 마스크는 아픈 사람만 쓴다는 인식 때문이다.
　언제부턴가 사람들이 세균덩어리로 보인다. 비대면으로 관계

하길 원한다. 외출을 자제한다. 어디서든 바이러스가 침투할 것 같아 무섭다. 우리나라는 한때 하루 동안 바이러스 확진자 수가 900명이 넘을 때도 있었다. 밀폐된 공간에서 집단 감염된 사례다. 감염자나 의심 환자들이 자가 격리 규칙을 위반해서다. 한 사람의 확진자가 밀폐 공간에서 집단 감염시켜, 현재 확진자가 1만 600명을 넘어섰고 230여 명의 사망자가 나왔다. 스페인, 프랑스, 이탈리아, 미국은 각 2만 명 이상 사망했고, 영국, 독일, 이란, 벨기에도 각 5천 명 이상이 사망했다.

앞으로 얼마나 많은 사람이 죄 없이 죽어 갈까. 환자가 넘쳐 치료조차 못 받고 죽기도 한다. 젊은 확진자들은 면역력 때문인지 치료가 잘돼 집으로 돌아가지만, 기저 질환자들은 대부분 죽는다. 발열, 기침, 인후통의 호흡기 증상과 폐렴을 동반해 폐가 굳거나 심장 박동이 정지된다.

역사상 최악의 팬데믹은 흑사병(페스트)이다. 14세기 유럽에서 발생해 여러 번 창궐해서 2억 명이(유럽 인구 30~60%) 사망해 가장 큰 피해를 봤다. 20세기엔 최악의 감염병 스페인 독감으로 전 세계 1억 명의 사망자가 나왔다. 반면 백신으로 종식된 첫 감염병 천연두는 수백 년간 유럽, 아시아에서 창궐해 5,600만 명이 사망했다.

우리나라는 현재 발 빠르게 의심 환자를 가려내 격리자와 확진자를 관리하고 역학조사를 벌여, 철저히 그들의 행방을 추적하고 장소를 소독하며 온 국민 마스크 쓰기와 사회적 거리를 동참해 오늘 확진자는 8명으로 줄었다. 세계인들은 칭찬했고 여러 나라에서 도움을 달라고 아우성이다.

40년 전 미국에서 발간한 딘쿤즈의 소설 『The eyes of darkness』와 18년 전에 발간된 예언서 『Silvia browne end of days』는 오늘날 코로나19 바이러스를 정확하게 서술하고 예측했다. 소설은 우한의 바이러스 연구소에서 생화학 무기 개발을 위해서 우한 400이라는 바이러스를 배양하다 실수로 이 바이러스를 퍼트리게 된다는 이야기다. 예언서 역시 2020년쯤 폐렴을 동반한 심각한 질병이 전 세계인에 전염돼 폐, 기관지 환자들이 생겨서 많은 사망자가 나온다고 쓰여 있다. 그러곤 10년 후 다시 이 바이러스가 나타났다가 어느 날 갑자기 완전히 사라진다는 것이다.

소름 끼치는 이야기다. 그들은 어떻게 오늘날 코로나19 팬데믹을 미리 알고 있었을까. 어떻게 소설이 현실이 되고, 예언이 실제가 된단 말인가. 신기하고도 놀랍다.

말세는 있어도 종말은 없다고 한 탄허 스님의 예언에는, 세계 대재앙 때 한국인이 가장 피해를 적게 보고 가장 많이 살아남으며, 새로운 문명이 우리나라에서 출발하고 꽃을 피워 세계 문화 중심 국가가 된다고 했다. 대환란 때는 인류 구출 능력을 가진 지도자가 나와 세계인들로부터 존경을 받게 된단다. 그러면서 대규모 지각변동과 북극의 거대한 빙산들이 녹아 대참사가 발생하고, 인류의 70%가 죽어 대재앙을 겪은 지구는 더욱 완숙되어 결실의 시대를 도래한다는 것이다.

 오늘 자 뉴스는 미국 여러 주에서 100만 회 이상 코로나19 바이러스를 진단할 수 있는 키트를 우리나라에서 수입했고, 터키 관영 아나돌루 통신은 브라질, 이탈리아, 미국을 비롯해 106개 나라가 한국서 진단 키트를 조달한다고 보도했다.

 지금 세계인들은 어서 빨리 코로나19 백신이 나오기만을 간절히 기다리고, 세계 의학 연구소에선 코로나19 백신을 만드는 데 눈에 불을 켜고 있다. 하루빨리 악의 꽃 코로나19 바이러스로부터 우리는 구출돼야 한다.

지옥을 구출하라

"오라질 것들."

아무도 없는 낯선 방. 사지를 결박한 4개의 줄. 죽을 것 같았다. 평생 이토록 처참한 적은 없었다. 85살, 아무 잘못도 안 했는데. 기가 막혔다. 밤은 왜 이토록 긴가.

구해 달라고 매달렸지만 아무도 반응치 않자, 온갖 욕이 튀어나왔다. 그것은 살아야겠다는 발악이었다.

가만히 죽기엔 인생이 억울했다. 21살에 시집와 시부모 시동생들 치다꺼리와 5남매 자식을 위해 고생만 하다 늙고 병들었는데, 이 신세라니. 울화가 났다. 자신은 시부모 돌아가실 때까지 40년간 정성 다해 모셨는데, 출가시킨 자식들은 바쁘다는 핑계로 이곳에나 있으라니. 수용할 수 없었다.

어제까지 '신나는노인복지센터'에서 재미나게 보냈는데. 그래도 나는 복 많은 사람이라고 생각하며 살았는데. 갑자기 여기가 웬일인가. 그동안 섬망으로 밤 12시에 마당에 나와 서성거리다 큰일 날 뻔한 일도 있었고, 차가운 화장실 바닥에서 몸이 언 적도 있었다.

자식들은 그런 모친을 위해 가족회의를 열고 동네 아저씨가 지냈던 요양병원에 입원시키자고 했다. 그동안 드나들며 반찬이며 청소며 빨래며 해 드렸지만, 이젠 누가 온종일 붙어서 그녀를 지켜야 한다.

그날따라 그녀는 축 늘어진 몸을 가눌 수 없었다. 음식을 입에서 흘리고, 말도 어눌했으며 소변도 지렸다. 이제 곧 요양병원에 갈 거라는 것도 모르고 있었다.

자식들은 죄의식을 갖고 그녀 집에서의 마지막 가족 모임일 거라는 생각에 사진을 찍었다. 다들 눈물이 고였다. 이날까지 모친이라는 자리에서 따뜻하게 품어 준 울타리였는데. 그녀의 냄새로 가득한 이 집으로부터 떠나보내야 한다.

코로나로 인해 병원 입원은 엄두를 못 냈다. 요양병원에 도착하니 코로나로 2일간 독방에서 지내야 한단다. 낙상 위험으로 손발을 묶어야 한단다. 한 달이든 두 달이든 면회가 안 된단다. 자식들은 속울음을 하고 곧 만나자 약속하고 헤어졌다. 그날 밤 내내 홀로 남겨진 낯선 곳, 낯선 방에서 2일을 보낼 그녀를 생각하니 자식들은 가슴이 찢어졌다.

생로병사. 누구나 피할 수 없는 인생 진리. 우리 모두에게 닥칠 질병과 죽음. 언제 어느 때고 몸속에서 도사리고 있다가 가시처럼 튀어나오거나, 어떤 사건으로 평범한 일상을 나락으로 내모는 암초.

'니 어미를 거기다 맡기고 잠이 오냐.' 어디선가 들리는 질책과 자책에 자식들은 잠을 이루지 못했다. 이튿날 요양병원에 전화를 거니. "이놈 새끼들아, 뭐 하는 짓들이냐. 당장 나를 빼내거라." 그길로 우리는 그녀를 구출하러 갔다. 나 한 사람 희생해 모두 편안해진다면 기꺼이 온 힘 다해 모시리라. 내 할 수 있는 한 다 하리라.

  이제 그녀는 생지옥으로부터 탈출했다. 나는 모친을 모시고 우리 집으로 왔다. 다른 자식은 과일과 야채와 소고기를 잔뜩 사 왔고, 나는 남편을 안방에서 거실로 내보냈다.

  언젠가 고려장으로 불리는 요양시설 실태를 TV로 봤다. 그곳에선 사람을 무기력하게 만드는 약을 먹일 수 있다고 한다. 기운 내는 약을 먹이면 치매 환자는 더 난리 치고, 맥을 못 췄던 환자는 활기를 찾아 소란을 피우거나 퇴거할 수 있단다. 입장 바꿔 생각하고, 인간 존엄을 생각하면 그런 짓을 하면 절대 안 된다.

  "이제 살겠다." 모친은 그 말만 되풀이하며 저녁을 맛나게 드시고, 지난밤 한숨도 못 잔 잠을 달콤히 주무신다. 어저께 밤은 진짜 끔찍하고도 쾌씸했겠다.

학력은 평등하지 않다

우리 사회 불평등 중에는 학력이 있다. 여기엔 학벌주의, 대학 서열화도 포함된다. 많은 사람이 교육에 목을 매는 이유도 의식주 다음으로 절실한 문제이기 때문이다.

누구는 부모덕에 여러 사교육으로 쉽게 공부해 명문대에 들어가 석박사까지 받고 원하는 직장에 들어가 많은 봉급을 받는다. 이로써 부를 쟁취하고, 위신을 세운다. 그러나 누구는 어려운 가정 형편으로 고등교육을 못 받고 산업현장에서 위험을 감수하며 얼마 안 되는 밥벌이에 뛰어든다. 그러다 보니 몸은 고달프고 교육은 뒷전이다. 많이 배운 자들의 지시에 굽신거리고 비겁해지기도 한다.

조금 전 뉴스는 "수능 출제 교사 24명 최대 5억 원에 문제 팔았다. 24명 중 다수 억대 금액 수수, 최고 5억 가까이 받아, 4명 고소, 22명 수사 의뢰"를 전한다. 며칠 후엔 "대학수학능력시험과 한국교육과정평가원 주관 모의평가 출제에 참여한 교사 24명이 유명 학원에 문제를 판 것으로 드러났다. 사교육 업체와 연계된 영리 행위를 한 현직교사의 자진신고를 접수한 결과 322명이 신고했다."라는 보도다.

아들은 고등학교 때까지 학원 한번 가지 않고, 오직 자기 주도 학습으로 공부했다. 친구들이 학원 다니며 쉽게 공부할 때 EBS 교육방송과 교재로 발을 동동거리며 공부했다. 모르는 문제는 밤새워 연구했고 교무실로 찾아가 선생님한테 물어서 공부 숲을 헤쳐 나갔다. 그런데, 뉴스와 관련된 학원 다니는 친구들은 저렇게 쉽게 점수를 딸 수도 있다니 어이가 없다. 시험문제 1개를 더 맞추려고 전력을 다해 공부하는 많은 학생을 우롱하는 처사다.

관련 교사와 돈거래를 하고 문제를 산 학원의 학생들은 쉽게 딴 점수로 좋은 등급을 받고 원하는 대학에 갔을 거다. 뉴스와 연관되지 않은 학생과 부모는 분노한다.

내가 다시 공부를 계속해 대학교 졸업장을 따 학력을 높이려고 한 이유도 불평등 때문이다. 15살 때부터 쭉 글을 써서 20년 후, 작가로 등단해 지금까지 23년째 활동하고 있다. 그러나 시민대학 강사, 도서관 강사가 있는데, 나는 그 접수 서류 중에 학력 증명서와 학력란을 쓰는 서류에서 매번 망설인다. 사람들은 오랜 경력보다 학력을 먼저 쳐 주기 때문이다. 그래서 늘 강사 채용에 불이익이 따른다. 경력보다 화려한 대학교 졸업장이 증명서가 돼서다. 그러나 아무리 명문대 박사 출신이어도 오래 숙련된 작가보다 글을 잘 쓰고 잘 가르친다는 보장이 있을까.

그래도 난 며칠간 힘들게 서류를 준비해 접수한다. 여전히 퇴짜를 맞는다. 고학력 증명을 우선시하는 조건 앞에서 나는 힘이 없다. 포기한다. 매번 공채에서 나는 늘 학력이라는 불평등 앞에 서 있다. 실력보다 학력을 먼저 보고 뽑는 이 불평등은 언제까지 이어질 것인가.

남편은 가난한 산골 출신으로 홀로 상경해 신문팔이와 우유 배달을 하며 서울에서 대학교를 나오고 나중에 대학원을 나왔다. 대기업에 남편과 입사한 동료는 전문대 졸업이 전부다. 남편이 직급과 월급이 오를 때 동료는 늘 저 뒤에 있다. 자기 직무를 아무리 열심히 해도 실적은 알아주지 않고 오로지 학력으로만 평가했다. 이 또한 얼마나 나쁜 불평등인가.

사회 불평등에 영향을 주는 구조적 요인은 부담되는 교육비다. 저소득층을 포함한 취약계층은 하루하루 먹고살기 힘듦에 교육에 지출할 여력이 없다. 진로에 영향을 주는 저학력으로 자신의 꿈을 펼치는 데 제약을 받는다. 살아가면서 고학력자와 학력, 학벌 문제로 정신적 스트레스를 받고, 경제력 차이와 직장에서 승진 불평등으로 자존감을 손상시키기도 한다. 직위에 서열과 계층이 생기고 회사가 어려워져 사람을 해고할 때도 우선시할 수 있다.

우리나라 대학 진학률은 2022년 기준 73.7%다. 25~64세의 대졸 졸업자는 41.7%이지만, 25~34세는 60% 이상으로 학력 인플레가 심하다. 고졸과 대졸 간 학력 차이에 따라 또 대졸 간에도 어느 대학을 나왔느냐에 따라 직업 선택과 연봉에 많은 차이가 발생한다. 이런 차이는 주변인 개인의 삶에 근본적인 불평등 구조를 만든다.

사회에 첫발을 내딛을 때 대기업에 입사하느냐, 중소기업에 입사하느냐에 따라 발생하는 소득 불평등은 주변인의 결혼, 자녀 교육, 주택문제, 소비 패턴 등 삶의 전 부분에 걸쳐 영향을 주고, 자녀 세대까지 불평등 구조를 세습하게 한다.

학력은 직업 선택의 제한뿐만 아니라 업종, 나아가 직업의 질까지 영향을 미친다. 고졸자는 특별한 분야의 재능이 있지 않은 한 좋은 일자리를 얻기 힘들어 소위 3D 업종, 육체노동에 내몰릴 수밖에 없고, 이마저도 첨단기술의 발달로 로봇, AI 등에게 일자리를 뺏기고 있어 취업의 기회마저 줄어든다.

반면 대학의 서열화 심화로 소위 '인서울' 대학, 특히 상위권 대학 졸업자나 로스쿨, 전문대학원, 석박사 등 고학력자는 상대적으로 직업과 직종 선택의 폭이 넓어 취업과 함께 상위 소득계층으로 올라갈 수 있는 사다리를 타게 된다. 이들은 고소득을 바탕으로 자녀에게도 충분한 교육 기회를 제공해 자녀도 고학력, 고임금의 직업을 선택할 수 있는 환경을 만들어서 중·상류층의 삶을 대물림하고, 사회적 불평등을 고착화시킨다.

사회적 불평등의 구조적 원인은 소득의 불균형과 기회의 불균형에서 비롯된다. 이런 불평등, 불균형이 세대를 이어 구조적으로 고착화돼 사회 문제가 되는바, 건강한 사회를 유지하려면 국가는 이러한 사회적 불평등 해소를 위해 근본적인 교육개혁, 제도개혁, 제도적 개선에 노력을 다해야 한다.

夕陽日記

　오랜만에 석양을 보러 밖으로 나왔다. 겨우내 집에만 있다가 바깥 공기를 마시니 상쾌하다.

　집 앞 초월역 뒤편엔 곤지암천이 흐르는 산책로가 있다. 그곳을 가려면 4차선 도로의 건널목을 건너야 하는데, 금방 경강선이 정차했었는지 초월역에서 사람들이 봇물처럼 쏟아져 나왔다. 초록불이 켜지자 그들 틈을 뚫고 산책로에 닿으니 어느새 봄이라고 여기저기 새싹들이 삐죽삐죽 나왔다. 개천은 싱그럽게 흐르고, 봄 기지개를 켜고 나온 오리 떼와 새들이 재재거리며 논다.

　날씨가 아까 낮보다 흐리다. 어린 시절 나는 풀밭에 누워 해거름 보는 게 낙이었다. 그 시간을 다시 즐기고 싶어 석양이 잘 보이는 곳으로 가기 위해 걷고 걷는다. 그 길에는 개를 끌고 나온 사람, 자전거를 타고 가는 사람, 애인과 손잡고 가는 사람, 홀로 고독 씹으며 걷는 사람들이 숨 가쁘게 가거나 유유자적 지나간다.

　돌돌돌 개울물 흐르는 소리가 참 좋다. 곤지암천이라는 이름보다 나는 어렸을 때 집 앞에 있던 그 개울 같아 개울이라고 부르고 싶다. 머지않아 개울 가장자리에 버들강아지가 인사하고 개나리와 벚꽃도 만발하겠지. 이렇게 봄이 왔노라고. 이렇게 세월이 가고 있노라고.

저녁놀을 잘 볼 수 있는 곳으로 가고 있는데, 어찌 된 일인지 하늘이 더 흐리다. 그래도 그곳까지 걷는다. 걷다 보니 개울 가장자리 쪽 아파트 숲이 지나고 야산을 지나 어느 결에 더 넓어진 개울가까지 왔다. 이곳은 내가 평화를 얻는 자리다. 어린 시절 내 개울 같아서다. 돌멩이들 위에 누워 개울물 소리를 들으며 하늘을 바라본다. 아, 흐려서 오늘은 멋진 장관의 저녁놀을 볼 수 없겠구나. 그저 흐린 하늘 보며 고독만 씹다가 다시 집으로 돌아갈 수밖에.

이튿날 어스름 저녁놀 시간이 다가오자 난 다시 어제 못 본 석양을 보러 밖으로 나왔다. 조금 전까지만 해도 햇살이 비쳤으니까 오늘은 볼 수 있을 것 같았다. 기분 좋게 가벼운 발걸음으로 산책로를 걷는데, 호주머니에서 전화벨 소리가 들린다.

"예령 시인이 죽었대."

나는 그녀의 부고를 듣고 그 자리에 한참을 주저앉았다. 그러곤 곧 여기저기서 그녀의 죽음을 확실하게 알리는 부고 문자가 날아든다. 이토록 죽음이란 예고가 없구나. 이토록 삶은 꿈같은 거구나. 온통 그녀의 얼굴로 내 머릿속은 복잡했다. 다시 몸을 추스르고 내 자리가 있는 그곳 개울가로 걸음을 옮겼다. 그런데 그녀가 자꾸 내 뇌리에 들어와 달라붙는다. 온통 그녀 생각만으로 가득해 어질어질했다.

이 길은 그녀와 자주 걷던 길이었기 때문이다. 어느 봄엔 벚꽃으로, 어느 여름엔 개망초꽃으로, 어느 가을엔 구절초꽃으로 가득했던 이 길. 그리고 어느 추운 겨울엔 예보 없이 퍼부은 함박눈을 맨몸으로 맞으며 걸었었다. 지독한 칼바람과 함께 퍼부은 하얀 눈 덩어리를 온몸으로 그냥 다 받으며 그 길고 긴 길을 걸었었다. 그래도 우리는 그 시간이 좋아 깔깔댔던 기억이 눈에 선하다.

벌써 그녀가 보고 싶다. 허전한 이 마음 어떡하지. 나에게 많은 위로와 행복을 준 그녀. 시간이 갈수록 더욱 그리워질 텐데. 저쪽 하늘엔 하얀 보름달이 살며시 떴다. 아직 저녁놀은 감감무소식인데. 그러고 보니 오늘도 잿빛 하늘이다. 아무래도 또 붉게 타오르는 파스텔톤 석양은 보기 힘들 것 같다. 벌써 뜬 보름달이 하늘 높이 둥실 올라온다. 나는 노을 생각을 잊고 자꾸만 걸음을 옮겼다. 내 장소를 지나 앞으로 앞으로 혼 빠진 여자처럼 걸었다. 뇌리에 꽉 박힌 그녀 생각에 발걸음이 가는 대로 몸을 맡긴 탓이다.

어느새 어둠이 내리더니 개울에 달빛이 스민다. 물이 졸졸졸 흐르는 곳엔 윤슬처럼 빛나고, 고인 물속에서는 달이 물에 빠졌다. 달빛을 바라보니 달이 그녀의 얼굴로 되살아난다. 언제나 환하게 나를 맞이해 주던 맘씨 곱던 그녀. 꽃과 시와 커피를 좋아해 우린 자주 새로운 카페를 찾아다니곤 했었다. 광주는 물론이고 양평이며 퇴촌이며 이천까지 분위기 좋은 카페면 어디든 가서 커피를 마시며 긴긴 이야기를 나누었다. 그런데 이제는 더 이상 그런 즐거움을 향유할 수 없다니, 영영 안녕이라니.

  집으로 돌아가는 길에 달빛이 나를 감싼다. 마치 그녀가 나를 위로해 주듯 그렇게 달도 슬퍼 보인다. 나는 자꾸만 개울물을 들여다보며 함께 따라오는 달과 함께 밤길을 걸었다. 어느새 집 앞 초월역에 닿았다. 달은 그 초월역 간판 위에 떠 있다. 슬프고도 처량한 밤이다.

  이튿날, 다시 석양을 보러 갈 생각이었는데 난데없이 함박눈이 내린다. 아마도 새벽부터 내린 것 같다. 3월 중순에 웬 함박눈인가. 아침마다 집 근처로 아르바이트를 나가는데 눈이 10cm 이상 와서 길이 미끄럽다. 다행히 점심때쯤 눈이 그치고 햇살이 뜨자 눈이 녹기 시작했다. 그러나 저녁때쯤 날씨가 도로 흐려져 석양 보기를 포기했다. 그다음 날도, 또 그다음 날도 연거푸 며칠간 날씨가 흐렸다.

  꽃샘추위가 변덕을 부리는 며칠을 보내고 날이 환해 다시 노을을 보러 초월역 뒷길로 갔다. 오늘은 꼭 노을이 타는 모습을 보리라. 그새 새싹들이 많이 자랐다. 개천가 물속을 자세히 들여다보니 세상에! 물고기 새끼들이 한가득이다. 꼬물꼬물 왔다 갔다 바쁘게 노느라 정신없다. 미꾸라지 새끼들이다. 간간이 저쪽에서 큰 물고기가 물을 튕기며 놀 때는 힘찬 역동성이 느껴진다. 아마도 메기이거나 붕어일 듯하다. 지난번에 저 아래쪽에서 커다란 붕어 떼를 본 적 있고, 어렸을 때 미꾸라지 있는 개울엔 메기가 같이 살았으니까.

　산책로 주변에 쭉 늘어선 여러 가지 나무마다 물기가 느껴진다. 겨우내 메말라 바삭거렸던 식물들이 이제 기지개를 켜고 봄을 맞는다. 저 개나리도 진달래도 머지않아 노란 별꽃을 확확 피우겠지. 봄은 이토록 생명력으로 꿈틀대고 있었다. 어느새 오리 떼가 놀고 있는 내 자리, 지난해 가을까지 석양을 바라보곤 했던 자리로 왔다. 돌멩이 밭에 눕는다. 누워서 해거름의 시간을 기다린다. 돌돌돌, 개울물 소리가 싱그럽고 봄바람이 상쾌하고 새들의 날갯짓이 사랑스럽다.

　서쪽 하늘을 보니 드디어 석양이다. 하얗던 태양이 언제 저토록 붉은 덩어리로 변모해 저쪽 산과 구름 위에서 자태를 내뿜는가. 나는 벌떡 일어나 석양을 온몸으로 받았다. 나도, 세상도 석양으로 물들었다. 붉은 태양을 가로질러 분홍빛 주홍빛 파스텔로 색칠한 구름이 펼쳐져 평화의 시간을, 안식의 시간을 안겨준다. 좋다. 한껏 포근하고 자유롭고 행복하다. 이 순간은 오로지 나만을 위한 시간. 나와 하늘, 그리고 불덩이 석양. 나는 이 시간이 제일 좋다. 아무리 힘든 상황에서도 이 시간, 석양을 바라볼 때면 편안하고 행복하다. 한편으론 외롭고 쓸쓸한 시간이지만, 하루를 마무리하며 성찰하는 이 시간이 좋다.

　순식간 석양은 산 뒤로 떨어졌다. 좀 더 고즈넉한 시간을 향유하고 싶었는데, 시간은 여전히 기다려 주지 않고 그렇게 땅거미가 스멀스멀 졌다. 검푸르러지는 하늘에는 별 몇 개가 반짝인다.

301호 미친 여자

　S는 은채가 담당하는 요양 수급자의 셋째 누나다. 이웃에 살아 뻔질나게 수급자인 동생 집에 드나든다. 그녀는 어떤 날은 기분이 좋아서 헬렐레하고, 어떤 날은 말도 없이 쭈그리고 앉아 있다가 느닷없이 세상 떠나가도록 소리를 빡빡 지른다. 이유는 없다. 괜히 물건을 집어 던지고 막말도 서슴지 않는다. "칼로 찔러 죽이기 전에 나가!"라고 소리치거나 "가위로 찔러 버린다!"라고도 말한다. 그럴 땐 은채도 모르게 "미친년." 소리가 절로 나온다. 은채는 아무리 생각해도 그녀가 제정신을 갖지 않은 미친 여자로 보인다. 당장 정신병원으로 끌고 가 그곳에 꼭꼭 가두고 싶다. 그러나 그 미친 짓을 가끔씩 하니 갈피를 못 잡겠다. 그녀가 정상적으로 행동할 땐 정신분열자, 미친 여자란 생각을 그새 잊기 때문이다. 얌전히 말하고, 맛있는 음식을 가져와 인심과 배려심을 보일 땐 예뻐 보이기까지 한다. 그래서 정신이상자라는 걸 새까맣게 망각하고, 잘 대해 주려고 애쓴다. 그러나 머지않아 S는 다시 지랄발광하고 은채는 혼비백산한다.

　'내가 열쳤지, 열쳤어. 뭣 땜시 이런 집을 골라서 왔담. 제정신 아닌 것들이 하나도 아니고 둘씩이나. 하나는 나이 63살에 뇌졸중 탓인지 본성인지 괜히 주먹을 불끈 내보이며 위협적 미친 짓을 하고, 하나는 그의 보호자 셋째 누나 S란 년이 이중성격을 부리며 미친 짓을 하니 내가 도저히 견딜 수가 있어야지. 내가 애초부터 이렇게 년, 놈하고 입이 걸진 않았는데, 그것들 상대하다 보니 물이 든 게 분명해.'

은채는 수급자 K의 쪽방에서 덩그러니 앉아 독백하고 있었다. 조금 전까지만 해도 15평짜리 온 집 안이 언어라는 폭탄과 총칼로 한바탕 전쟁을 치른 집구석이었다. 은채야 뭐 이 집 요양보호사로 왔으니, 그저 조용히 그들의 싸움질에, 죄 없는 은채에게 막말을 해 대도 말대꾸할 일 없이 얌전히 있을 수밖에. 그때 S가 다가와 은채에게 화를 냈다.

"거기서 왜 가만히 앉아 있어?"

"여태 서서 일했더니 힘들어서 잠깐 쉬었다 하려고요."

"빨리 일해. 여기 바닥 안 닦았잖아! 설거지는 한 거야 만 거야? 여기도 싹싹 닦아야지. 왜 노냐고, 왜 놀아?"

"다 닦았는데요. 깨끗하게 몇 번씩 닦았어요."

"어디다 말대답이야? 건방지게. 아유, 정말 칼로 찔러 죽이기 전에 당장 꺼져!"

그러자 누워서 잠자코 있던 수급자 K가 벌떡 일어나, 두 주먹을 쥐고 누나 S를 쥐어패려고 폼을 잡는다. 그러곤 곧장 은채에게로 와서 또 주먹을 불끈 쥐고 해석할 수 없는 소리를 지르며 잡아먹을 듯 눈알에 힘을 준 채 뚫어져라 쳐다본다. 하느님은 그에게 다행스럽게도 말 못 하는 병을 주셨다. 뇌졸중 환자 중에 언어장애이거나 반신불수이거나 하는 정상적인 활동을 가로막는 병을 후유증으로 주는데, K는 다른 데는 다 멀쩡한데 오로지 말 못 하는 병을 주셨다. 만약 말할 줄 안다면, 이 상황에서 얼마나 무서운 말 전쟁으로 풍비박산됐을까. 그러지 않아도 그는 뇌졸중 발병 전 건달로 살면서 깡패 짓을 하고 다녔다는 이력이 있다고 서울 사는 그의 큰누나가 은채에게 알려 줬다. 그런 말을 한 건, '너는 요양보호사 노릇을 잘해야 해, 안 그러면 다쳐.' 하는 겁박을 미리 암시한 걸까. 언젠가는 무슨 일이 생길지도 모른다는 생각에 은채가 이 집에 오자마자 한 일이 바로 칼과 가위를 숨겨 놓은 것이었다. 그건 정말 잘한 일이었다.

　은채는 더 이상 말대답을 했다가는 정말 칼 맞을지도 모른다는 생각에 몸서리가 쳐졌다. 맘 같아서는 당장 이놈의 집구석을 뛰쳐나오고 싶었으나, 1시간만 참으면 딱 180분이 채워져 현관문 안쪽에 붙은 국민연금공단에서 발급된 카드에 태그를 찍을 수 있다. 그래야 3시간 시급을 받는다. 그러니 그들의 발광을 무시하고 화장실로 가 여기저기 물을 뿌려 댔다.

　"아이고, 미친년, 미친년 같으니라고. 감히 어디다 발광질이야. 아주 제 기분대로 화풀이야, 화풀이가."

　은채는 열불이 나서 화장실 수도꼭지 1개와 샤워기를 동시에 틀어 놓고 혼잣말하며 물을 여기저기 뿌려 댔다. 벽에도 거울에도 문에도 뿌렸다. 화딱지가 나 견딜 수가 없었다. 자존심도 상했고, 저런 년한테 무시당하고 사는 자신이 비참했다. 이놈의 요양보호사가 무슨 파출부야, 네깟 것들 더러운 기분까지 풀어 주는 화풀이용 기계야, 네깟 것들이 뭔 상전이라고 이래라저래라, 제 기분대로 애먼 사람을 이용해. 하여튼 나라에서 혜택을 받으면 그냥 잠자코 고맙습니다, 하고 잘 살아갈 생각은 안 하고, 무슨 요양보호사를 제 발밑에 있는 시녀처럼 부려 먹을 생각밖에 없다니까. 게다가 보호자 못된 버릇까지 받아 주라고? 은채는 어이가 없었다.

정부가 63살 당신에게 기초수급자 딱지를 주고, 반듯한 15평 새 주택과 매달 90만 원과 정부미 쌀 1포대에 요양보호사까지 공짜로 붙여 주었으면, 그 자체로 묵묵히 감사한 일 아니냔 말이다. 우리 일반 국민은 등골 빠지게 일해서 돈 쓰기가 아까워 먹을 것, 입을 것도 참고 저금하며 나라에 세금 내느라 바쁜데. 그 피 같은 돈으로 보살펴 주면 얼마나 감사하냔 말이다. 솔직히 말해 K 당신 젊었을 때 깡패 짓하며 돈 흥청망청 썼다며? 큰누나네 집 2채 날려 먹고, 술 퍼마시고 막살다 머리 다쳐서 그렇게 된 거라며? 뭘 잘했다고 자꾸 보호자까지 합세해 같잖게 권리만 찾는데? 요양보호사가 가련한 마음으로 잘 돌봐 주면 그것으로 감사해야지. 어째서 종 부리듯 쉬지도 마라, 앉지도 마라, 일을 했네 안 했네 잔소리에 눈치까지 봐야 하냔 말이다. 그 더러운 기분까지 받아 줘야 하냔 말이다.

은채는 생각할수록 울화가 치밀었다. 차라리 수급자 K가 그런다면 이해나 하지. 아직 젊다면 젊은 나이에 벙어리로 살아야만 하는 인생이 처참하고, 낙이 없는 삶을 살아가야 하니 얼마나 한탄스러운가. 그런데 어째서 건강한 보호자가 나한테 그토록 발광하냔 말이다. 자기 입으로 나라에서 주는 혜택을 묻지도 않은 내게 자주 이야기하면서 어찌 그렇게 감사할 줄도 모르냐는 거다. 은채는 엎친 데 덮친 김에 화장실 청소를 말끔히 하고는 거실로 나오니 누나 S가 좀 전의 얼굴을 바꾸고 미소를 띠며 말한다.

"지는 게 이기는 거예요. 나가서 바람 좀 쐬고 시간 되면 태그 찍으러 와요."

에고, 제정신 돌아왔나 보네. 당신 같은 것하곤 상종 안 할 테다. 은채는 그녀의 말을 무시하고 밖으로 나왔다.

바깥에 나오니 지옥에서 탈출한 기분이었다. 코앞 e행복한아파트 안 놀이터에서 아이들과 엄마들이 깔깔대며 놀고 있었다. 바람은 살랑살랑 포근했으며 햇빛은 더없이 찬란했고 파란 하늘의 구름은 자유로이 유랑하고 있었다. 여기저기 봄기운이 자욱한 놀이터 주변엔 막 피어난 꽃들과 새싹들이 청초했다. 새들의 지저귐도 한층 사랑스럽게 들렸다. 이토록 바깥은 천국의 얼굴을 하고 은채를 맞이하고 감싸안았다. 은채는 눈을 지그시 감았다. 조금 전 일을 지우고 싶었다. 그래, 살다 보면 별의별 것 다 보고, 별의별 사람도 있지. 내가 그들보다 나은 환경이니 용

서하자. 그냥 그런 사람으로 받아들이자. 아냐, 내가 왜, 무엇 때문에 그런 별종들과 어울려야 해. 그만두자, 그깟 것 요양보호사. 그만둔다고 굶어 죽진 않잖아. 다른 일을 해. 내가 잘하는 게 뭘까. 그런데 집에서 가깝잖아. 시간이 돈인데. 아유, 또 참고 견디라고? 매일 3시간만 참으면 되잖아. 아, 그런데 그 미친 여자 상종하기 싫잖아.

곧 180분이 되자 은채는 태그를 찍으러 K집으로 들어갔다.

"아까는 미안했어요. 이 떡 좀 먹어 봐요. 아까 사 왔는데, 깜빡했네요."

"앞으로는 여기 안 올 거니까, 다른 요양보호사 찾아보세요. 백 퍼센트 맘에 쏙 드는 사람 만나서 잘 지내세요."

"에이, 무슨 소리. 선생님 아니면 우리 집에 올 사람 아무도 없어요. 누가 와도 하루도 못 견뎌요. 내일은 우리 짜장면이랑 탕수육 먹어요."

"암튼 저 내일부터 안 올래요. 잘 지내세요. K님, 아프지 말고 잘 지내요."

그러곤 며칠이 지났다. 요양센터장한테서 전화가 왔다.

"선생님, 제발 한 번만 더 부탁할게요. 이번엔 절대로 그 누나란 사람이 절대 간섭 안 하기로, 부딪히지 않겠다고 약속했으니 마음 좀 돌려 주세요. 하루에 한 끼만 먹고 사는 사람 계속 굶고 있어요. 불쌍하니 다시 K님 좀 봐주세요."

"그럼, 이번이 진짜 마지막이에요."

은채는 그만 그놈의 연민 때문에 다시 K를 보살피러 그의 집으로 가 태그를 찍었다. 그리고 3시간 알람을 맞추고 K의 점심을 차리느라 분주했다. 전에 냉동실에 얼려 놓은 밥을 전자레인지에 돌리고, 된장찌개를 끓이고, 계란말이를 만들고, 두부도 조렸다.

은채를 다시 만난 K는 반가웠는지 평소 버릇대로 위협적이던 주먹질이 은채 얼굴 가까이 오지도 않았고, 괜한 신경질적 눈초리도 없었다. 자신을 챙겨 주는 사람이 얼마나 소중한지 깨달은 것 같았다. 그저 고분고분한 모습이었으니까. 그의 차분하고 미안해하는 모습을 보니, 은채는 다시 오길 잘했다는 생각이 들었다.

은채는 그동안 쌓아 놓은 그의 옷을 세탁하고, 온 집 안의 먼지를 쓸고 닦았다. 쉬지 않고 화장실까지 청소하니 힘이 들어 그의 쪽방에 가서 잠깐 앉아 쉬었다. 그런데 갑작스레 누군가가 현관문을 박차고 들어왔다.

"왜 또 놀고 있어? 일하란 말이야, 일. 여기 다시 닦아. 설거지도 다시 하고. 얘 밥은 줬어, 안 줬어? 일 똑바로 하라고!"

아이고, 미친년, 그 버릇 아직도 개 못 줬네.

또다시 S는 온 세상 떠나가도록 그새를 못 참고 목구멍이 찢어져라 소리치며 윽박지르고 있었다. 여전히 자기가 상전이라는 듯, 남을 부려 먹고 싶어 안달하는 꼴이 참으로 가관이었다. 은채는 그녀가 K보다 더 구질구질하고 불쌍해 보였다.

그새 바깥은 봄으로 한가득이었다.

4. 아름답고 가혹한

청춘은 아름다워라

"희야, 17살 생일 진심으로 축하해. 이 책이 너에게 도움이 되길 바랄게."

헤르만 헤세의 『청춘은 아름다워라』를 친구 경란이로부터 선물받고 무척 설렜었다. 그 무렵 난 참 많이도 감정이 곤두박질쳤었다. 한숨지으며 많이도 방황했었다. 누군가가 그립고, 외롭고, 슬프고. 감성도 폭발했었다. 사춘기였고, 미래의 진로 때문이었다. 그때마다 나는 도피처로 일기장에 무언가를 끄적대곤 했다.

이 책은 헤세의 초기 산문들과 단편들로 구성됐다. 헤세는 책 속에서 아름다운 언어로 자연과 인간, 그리고 사랑과 인생을 마구 속살댄다. 수십 년간 보물처럼 간직했는데도 불구하고, 책은 누렇게 변했고 너덜너덜해졌지만 여전히 주옥같은 글들은 생동감 있게 다가온다.

> 언제나 자기는 피할 수 없이 고독하며 고통과 또 고독 속에 살고, 고독 속에서 공포와 죽음을 겪고 견디지 않으면 안 된다는 저 가장 무서운 인간의 감정이 떠나지 않는 것이다. 그래서 건

강한 젊은 자에게는 일말의 그림자가 되고 경고가 되며, 약한 자에 대해서는 하나의 전율이 되는 것이다. 나는 또 그러한 감정을 얼마간 느꼈다.
- 『청춘은 아름다워라』 중에서

책 중간의 이 부분은 헤세의 무상감이 짙게 깔려 있다. 이는 헤세가 마냥 아름답게만 세상을 바라보는 게 아니라, 인생 저 밑바닥에 짙게 깔린 무상함도 관조했음을 알 수 있다. 이 부분을 그때 줄 그어 읽으면서 그 시절 나는 좀 더 성숙해졌을 것이다.

모든 아름다운 것이나 가장 고귀한 것도 덧없고 무상하며, 각기 일정한 종결이 있는 것과 같이 나의 청춘의 종말이라고 기억하는 그 여름날도 하루하루 지나고 말았다. (…) 오랫동안 두려워하고 있던 마지막 날이 드디어 닥쳐왔다. 그것은 연푸른 만하(晩夏)의 어느 날이었으며, 하늘엔 목화송이 같은 구름이 부드럽게 나부끼고 있었으며, 훈훈한 남동풍이 불고 있었다. 바람은 아직도 마당에 많이 남아 있는 장미꽃과 속삭이고 있었으며, 정오경에는 무거운 향기를 띤 채로 피곤하여 잠들고 있었다.
- 『청춘은 아름다워라』 중에서

책 뒷부분의 글이다. 헤세가 고향을 떠나 타국에서 취직하고 수년간 고향에 오지 못하다, 휴가를 얻어 집으로 돌아와 어느새 그 소중한 휴가 기간의 마지막 날을 아쉬워하는 장면이다. 오랜만에 만난 늙어 버린 부모와 동생들 그리고 두 소녀와의 이야기들로 헤세의 자전적 소설이기도 하다. 고향에서 그들과의 관계, 젊은 주인공의 고뇌, 자연 풍경 묘사가 섬세하고 아름답게 표현되었다.

  헤세의 맑고 고운 감성도, 세밀하고도 다채로운 표현 방식도 『청춘은 아름다워라』 제목처럼 아름답다. 여러 번 읽어도 질리지 않는 문장과 함께 떠오르는 이미지는 나를 다시금 선물받은 그때로 돌아가게 한다. 오래오래 곁에 두고 음미하며 내 마음이 늘 청춘이기를 소망한다.

조커의 총

 너보다 못 배우고, 가진 것 없고, 잘난 게 없다고 조롱하지 마. 발길질하지 마. 멸시하지 마. 넌 언제나 돈 많은 사람, 잘난 체하는 사람한테 굽신거리는 노예. 너보다 못난 누군가에게 함부로 대하면 너도 언젠가 조커한테 총 맞아!

 토드 필립스가 감독하고, 호아킨 피닉스가 주연한 미국 영화 「조커」가 사회에 던진 메시지다.

 영화 분위기는 어둡고 음침하다. 주인공 조커(아서)는 광대다. 어릴 때부터 정신질환을 앓는 양모와 가난과 우울 속에서 배우지 못하고 성장한다. 양모는 그에게 "넌 사람들에게 웃음을 주려고 태어난 아이야."라고 말한다. 성인이 된 조커는 양모 말대로 광대 노릇을 하며 간신히 입에 풀칠하며 살아간다. 그러던 어느 날 시내 한복판에서 못된 패거리에게 놀림과 멸시, 발길질에 온몸이 피투성이가 된다.

 그에겐 웃음을 참지 못하는 병과 정신불안증이 있다. 그동안 무료로 정신과 상담을 받다 그마저 끊기게 돼 조커는 불안해진다.

 어느 날 조커는 동료 광대가 준 총을 몰래 가지고 있다가 어린이 병원에서 공연하던 중 총을 들키게 돼 광대 일마저 못 하고 쫓겨난다. 그는 이제 철저히 혼자 힘으로 밥벌이해야 한다. 그러나 세상은 호락호락하지 않다. 그의 겉모습만으로도 사람들의 시선은 곱지 않다.

직업을 구하러 전전하던 조커는 기차를 타게 된다. 기차 안엔 맨해튼 가에 있는 유명 은행원들이 어떤 여자에게 장난을 치고 있다. 이를 본 조커는 웃음을 참지 못하는 병이 도져, 단지 웃었다는 이유로 그들은 곧바로 그에게 무자비한 폭력을 가한다. 가만히 당하기만 한 조커는 이때 분을 참지 못하고 숨겨 둔 권총으로 그들에게 발사한다.

"너 같은 놈들은 죽어야 해!"

분노와 억울함에 북받친 조커는 그들을 모조리 총으로 쏴 죽인다. 뉴스는 연일 한낱 광대가 유명 은행원들을 살해했다고 떠들어 댄다. 뉴스를 접한 광대들과 소외된 약자들은 화가 치밀어 조커처럼 광대 가면을 쓰고 폭동을 일으킨다. 세상을 향해 자신들의 입지를 이야기하는 것이다. 그들도 사람답게 살고 싶다는 걸 세상에 알리고 싶은 것이다. 경찰은 살인자를 찾지만 도망친 조커는 모른 척하며 새 일을 찾아 나선다.

얼마 후 조커는 어떤 바에서 일을 잡기 위해 억지 웃음거리를 이야기하던 중, 누군가가 이 장면을 동영상으로 만들어 인터넷에 올린다. 동영상은 곧 유명한 코미디 쇼에 소개가 되고, 급기야 조커를 초빙한다.

조커는 꿈에 그리던 방송국 출연을 흔쾌히 허락하고 가장 화려한 모습으로 생방송에 출연한다. 생방송에서 그는 자기가 기차 살인을 저질렀다고 고백한다. 사회자는 조커에게 왜 그들을 죽였냐고 묻지 않고, 다짜고짜 "당신은 살인자이기 때문에 벌을 받아야 한다."라고 경고한다. 그러곤 조커에게 조롱과 멸시의 말들을 마구 쏟는다. 이때 조커는 "왜 나 같은 사람이 죽으면 본 체도 안 하면서 고급 은행원이 죽은 건 그렇게 대단하냐."라고 방청객에게 항의한다. 그러곤 사회자인 유명 코미디언을 향해 탕 탕 탕!

사회자가 조커에게 "그들을 왜 죽였느냐?"라고 한마디만 물었어도 죽음을 면할 수 있었을 텐데. 무조건 약자를 깔보고 강자 편의 죽음만 드러내고 있다. 우리는 태어날 때 다 같은 인격체로 태어났으며 그 인격은 누구나 동등하게 존중돼야 하는데.

영화 결말에서 조커는 경찰에게 붙잡히지만, 조커를 영웅으로 대접하는 수많은 광대와 광대 같은 삶을 살아가는 집단들이 조커를 데려와 최고라는 찬사를 퍼붓는다.

내가 너보다 우월하다는 신념. 돈이면, 권력이면, 다 되는 줄만 아는 사회에 「조커」가 경종을 울린다.

순암의 숨결들

책 살 돈이 없기 때문에
그 책 베낄 수밖에 없어
온종일 수그리고 앉아 쓰고
등불 아래에서까지도 계속이지
자잘한 글씨에 지렁이처럼 그려도
부끄러워할 까닭이 없네

- 「초서롱에 쓰다」 중에서

화가 나다가도 글만 읽으면 좋고
병이 났다가도 읽기만 하면 나아
이것이 내 운명이라 믿고
앞에 가득 가로세로 쌓아 놓았지

- 「저서롱에 쓰다」 중에서

조선 후기 실학자 순암 안정복(1712~1791) 선생이 쓴 「초서롱에 쓰다」와 「저서롱에 쓰다」의 한 대목이다. 선생은 어렸을 때 마마와 홍역을 연이어 앓고 자주 거처를 옮겼던 탓에 10살이 되어서야 『소학』을 읽기 시작해, 스스로 독특한 공부법을 터득한다. 남의 책을 베껴 쓴 것은 초서롱 바구니에, 직접 지은 글은 저서롱 바구니에 담아 두었다. 조선 최대의 역사서 『동사강목』과 백과사전 성격을 띤 『잡동산이』 등 그의 저서 100여 권도 이 두 바구니 속에서 만들어졌다. 안정복은 훗날 조선을 대표하는 실학자가 된다.

천지사방이 꽃과 신록으로 뒤덮인 날, 나는 광주의 자랑이자 대표 인물인 순암 선생을 조명해 보고 싶어 중대동 텃골 '이택재'를 찾았다. 바로 앞에 포근한 모습의 영장산이 있고, 기와지붕의 한옥 건물이 우뚝 들어섰다. 그 모습이 참 아름답다. 한 발짝 한 발짝 주변을 걷고 눈길을 주며 선생의 숨결을 느껴 본다.

선생은 25세에 여기서 순암이라는 집을 짓고, 50세에 이택재라는 재실을 지어 봄, 가을로 제사를 지내고 평상시에는 학문, 사료연구와 집필에 몰두하며 후학 양성의 장소로 사용했다. 슬며시 선생이 주장했던 말이 떠오른다. "만물이 하늘의 뜻을 따르는데 사람만 사욕으로 날뛴다." "자기반성 하는 자만이 세상 이치를 볼 수 있다."

이택재의 이택은 '주역'에서 유래한 말로, 인접한 두 연못의 물이 만나 물기를 유지하게 한다는 뜻이다. 벗과 제자와 스승이 학식의 높고 낮음을 떠나 서로 동등한 관계에서 학문, 덕행을 닦는 일을 비유한 말이다.

텃골 마을은 광주 안씨 집안의 6백 년 집성촌이다. 천곡 안성이 묻힌 이곳은 안팽명, 안후열, 3명의 청백리를 배출한 명문가 문이다. 안구, 안처선 등 청백리에 녹선되신 분이 계시며 그 후

손이 실학자 순암 안정복 선생이다. 본관은 광주다. 실학의 3대 거장 성호 이익, 순암 안정복, 다산 정약용이라 할 수 있는데, 순암의 『임관정요』가 아니었으면 다산의 『목민심서』가 나올 수 있었겠냐며 그만큼 큰 영향을 끼쳤다고 순암의 8대손 안용환 소장은 말한다. 헌법의 기초라 할 수 있는 『임관정요』가 나오고 50년 뒤에 유사한 내용의 『목민심서』가 나와서다.

선생의 유명한 저서 『동사강목』은 실학의 학풍에서 비롯된 국학, 즉 민족의 전통과 우리의 역사, 지리, 국어 등을 연구하는 경향을 대표하는 저서로 역사 관계자가 역사관을 갖는 데 큰 역할을 한다. 『하학지남』은 선생이 29세 때 지은 최초의 저서이자 초학자의 입문지침서이지만, 대학자의 학문적 규범이 갖추어져 있어 가장 중시한 책이다. 『잡동산이』는 백과사전 같은 책으로 훗날 '잡동사니'라는 어원이 되었다.

보도에 영국 옥스퍼드대 보들리언 도서관에 선생이 그린 세계전도(영고양계요동전도)와 우리나라 유물 3만여 점이 보관돼 있다고 베트남 출신 도서관 사서 민청 씨가 밝힌 내용으로 보아, 다른 나라 도서관에도 있으리라.

현재 순암 연구로 박사 학위자가 30명이 넘고, 전국에서 매년 3백 명이 연구소를 찾는다. 정치가들이 선생이 지은 보물 같은 책을 읽고, 사상 공부를 해서 정치 방향을 잘 틀었으면 좋겠다. 선생의 행적처럼 명분과 도덕성, 책임감과 인간미 있는 사람이었으면 좋겠다. 그러면 지금보다 밝고 아름다운 세상이 되리라.

안해, 아내

김유정의 소설 『안해』는 식민지 시절, 1930년대를 배경으로 한 농민소설이다.

남편 시점에서 본 아내를 서술하며 가난한 하층민으로 살면서 아내를 파는 이야기다. 서두부터 남편은 아내에게 불만이 많다. 아무리 봐도 아내는 못생겼다. 예쁜 구석이라곤 하나도 없어 누가 봐도 못생긴 상판대기에 하는 짓까지 족족 보기 싫다. 그러나 남편은 아들 똘똘이만은 잘 낳았다고 생각한다. 아내가 생각하기에도 그런지 이때부터 아내는 남편에게 큰 체를 하기 시작한다. 서로 년, 놈 하며 막돼먹은 부부다. 남편은 여전히 아내가 못생겨도 너무 못생겼다고 투덜댄다.

남편이 나무장사를 해서 간신히 먹고 사는데, 아내는 남편에게 들병이(작부)를 해서 돈을 벌겠다고 한다. 남편은 이참에 아내 덕 좀 보고 싶은지, 아내에게 들병이를 할 수 있도록 일을 마치고 오면 피곤한데도 밤마다 노래를 가르친다. 그러나 아내는 아무리 가르쳐도 노래를 잘 따라 하지 못하고, 아무리 봐도 얼굴이 박색이다. 그러던 중 아내는 어디서 신식 창가를 가르친다는 이야기를 듣고 야학에 나간다. 거기서 만난 아랫동네 사는 뭉태와 어울려 담배와 술을 배운다. 남편은 이렇게 나돌아 다니며 그런 짓을 해 대는 아내가 한편 걱정된다. 여태 남편밖에 모르고 세상 물정 몰랐던 여자였지 않은가.

어느 날 남편은 일을 마치고 집으로 가는 길에, 아내가 또 술에 취해 뭉태와 어울리는 걸 본다. 남편은 화가 치밀어 그길로 달려가 술상을 발로 차고, 뭉태와 아내를 마구 때린다. 아내는 취기로 몸을 가누지 못해 남편은 아내를 등에 업고 집으로 데려온다. 집에는 똘똘이 혼자 배가 고파 울고불고 난리다. 남편은 아무리 생각해도 아내가 들병이를 하면 집안이 거덜 나겠다고 생각한다. 아내를 들병이로 밖에 내놓느니 집에서 살림이나 하며 똘똘이나 잘 기르고, 굴때 같은 아들 열다섯 명 낳아 주는 일이 훨씬 더 이득이지 않냐고 머리를 굴린다. 낯짝이 예쁘진 않지만 황소 같은 아들만 줄줄이 잘 낳으면 그만이라고 생각을 고쳐먹는다.

이 소설은 아내 팔기 모티프로 우매한 남편과 들병이가 되려는 아내의 힘 다투기다. 화자인 남편의 서술 태도와 부부윤리를 들여다보면, 남편은 아내를 우습게 보는 게 문제다. 이년, 경칠 년, 망할 년, 땀을 낼 년, 오라질 년, 망할 잡년, 집안을 망할 년 하며 입이 걸다. 자신은 아내보다 우월하고, 아내는 저 밑에 있는 사람으로 치부한다. 그래서 막 대해도 된다는 인식이 깔렸다. 왜 그런가. 우선 아내가 너무 못생겨서다. 또 못 배웠다. 그래서 아내를 깔보고, 자신은 월등한 사람이라고 생각한 거다. 반대로 아내가 절세미인이고, 많이 배운 여자라면 공연히 함부로 대할 수 있을까. 그런 아내면 아마도 윤리를 따지고, 욕먹으며 열쳤다고 같이 살지는 않을 것이다.

　시점이 식민지 때니 입에 풀칠하기 힘든 시대다. 가족 간의 불화와 여러 가지 병에 고통받으니, 세상만사가 힘들고 짜증 날 터. 그 화풀이를 가장 쉽게 보이는 아내에게, 아무렇게 대해도 다 받아 줄 것 같은 아내에게 욕으로 대신 푼 것 같다. 환경이 여유롭지 못하고, 사는 게 힘들면 본능적으로 욕 나올 수 있다. 그때보다 풍요로운 현실을 살아가는 지금 우리네도 되는 일이 없거나, 몇 끼씩 배를 곯을 때 자신도 모르게 욕 나오지 않던가.

　현재 독자 시점에서 소설 속 부부윤리는 땅에 떨어져 보이나 그 시대에서는 견해가 다를 수 있다. 우리가 지금 느끼는, 남편이 아내를 막 대하는 욕지거리들이라든가 무시하는 표현을 보면, 어쩌면 지금 우리가 바라보는 시각과 그때의 시각이 다를 수 있다. 그때는 남존여비 사상이 강한 가부장적 시대다. 윤리적으로 남편한테 그런 대우를 받아선 안 되는데, 그때는 지금처럼 비난받을 일이 아니었을지도 모른다.

　그러나 『안해』를 여러 번 읽으면 남편이 아내를 막 대하는 첫 느낌과 달리, 오히려 아내의 못생김을 빌미로 한 얕잡아 봄과 경멸하는 태도에서 정겨움이 느껴지고 일부러 골계로 표현한 게 아닌가 하는 의문이 든다. 남편의 헤픈 욕지거리도 처음엔 거북했지만, 잘 씹으며 읽으니 아이러니하게도 감칠맛과 카타르시스를 느낀다.

ΟΔΥΣΣΕΙΑ

『오뒷세이아(호메로스 지음, 이준석 옮김)』는 책 한 권에 24권이 들어 있다. 그중 가장 재미있는 오뒷세우스의 모험 이야기는 9권부터 12권까지다. 트로이아 전쟁이 끝나자, 전쟁 영웅들 오뒷세우스 일행은 고향으로 돌아가는 도중에 수많은 모험을 하게 된다. 줄거리는 이렇다.

❄ 9권, 폴뤼페모스

"저는 라에르테스의 아들 오뒷세우스입니다. 온갖 계책으로 사람들에게 알려져 있으며, 제 명성은 하늘에 가 닿아 있습니다. 저는 밝히 뵈는 이타카에 살고 있습니다. 그곳에는 몹시 두드러지는, 잎사귀 나부끼는 네리톤산이 있지요. 또 그 주변으로는 둘리키온과 사메, 그리고 숲이 우거진 자퀸토스 같은 많은 섬이 서로 아주 가까이 놓여 있습니다. 소금 물결에 낮게 깔린 그 섬은 어둠의 방향으로 가장 멀리 떨어져 있고, 다른 섬들은 멀찍이 떨어져 에오스(새벽)와 헬리오스를 향합니다. 그곳은 바위투성이이지만, 젊은이를 길러 내는 좋은 곳이지요. 저는 그 땅보다 더 달콤한 곳은 달리 찾아볼 수가 없답니다."

오뒷세우스가 통치자 알키노오스 왕에게 자신을 소개하고, 그간의 험난한 모험담을 이야기하는 걸로 시작된다. 트로이 전쟁 이후 오뒷세우스와 그의 일행은 키코네스인들과의 싸움으로 많은 일행들이 죽고, 제우스의 폭풍 속에서 퀴테라에 표류하고 있다가 로토스 열매 먹는 이들 땅에 머물다 로토스 유혹을 뿌리치고, 무법자의 땅 퀴클롭스에 닿는다. 이곳은 모든 식물이 저절로 자라 먹을 것들이 풍성하다. 그들은 여기서 거인 폴뤼페모스와 만나게 된다.

오뒷세우스는 그를 피하지 않고 용기를 발휘한다. 가지고 다닌 독한 포도주를 그에게 마시게 해 취했을 때 불에 빨갛게 달궈진 올리브나무 말뚝으로 그의 눈을 찌른다. 화가 난 폴뤼페모스는 자신의 눈을 멀게 한 '있지도 않은 자'라고 밝힌 오뒷세우스를 망하게 하기 위해 자기 아버지 포세이돈에게 벌을 주라고 주문한다. 그러나 가까스로 그곳을 떠난 오뒷세우스 일행은 그동안 험난한 모험에서 죽은 전우들을 심장으로 애달파하며 다시 항해해 나간다.

※ 10권, 아이올로스의 섬

그리고 그들은 아이올리아라는 섬에 도착한다. 그곳엔 힙포타스의 아들 아이올로스가 살고 있었고, 죽음을 모르는 신들에게 사랑받으며 떠다니는 섬이었다. 청동으로 된 성벽이 그 섬 전체를 두르고 암벽이 솟아 있었다. 그 궁전에는 여섯 명의 딸과 여섯 명의 아들이 있었는데 그는 아들들에게 딸들을 아내로 주었다.

그들은 늘 풍족한 음식으로 잔치를 벌였다. 오뒷세우스 일행은 그곳에 한 달 동안 머물며 일리오스와 아르고스인들의 배들과 아카이아인들의 귀향에 대한 물음에 설명해 주니 길 안내를 하며 순풍을 자루에 넣어 귀향길에 도움을 준다. 그러나 동료들의 실수로 바람 자루를 풀다 순풍이 쏟아져 나가 허사가 된다.

그러다 이런저런 갈등을 겪다 아이아이아 섬에 닿는다. 그곳에서 오뒷세우스 일행은 무서운 여신 키르케를 만난다. 그녀는 그들을 돼지로 변신시킨다. 오뒷세우스는 헤르메스 신의 도움으로 키르케의 마법을 막아 일행들을 다시 원래대로 돌려놓을 방법을 알게 된다.

그는 곧 키르케를 찾아가 그의 일행들을 사람으로 돌려놓게 만들고, 그녀와 아름다운 침대에서 잠자리를 한다. 한 해가 다 되어 가자, 그는 그녀에게 집으로 보내 주겠다는 약속을 지키라고 말한다. 그러자 키르케의 여신들 중 한 여신이 이렇게 말한다. "하데스와 두려운 공포의 페르세포네이아 집으로 들어가서 테바이의 눈먼 예언자 테이레시아스의 영혼에게 물어보아야 한다." 저승에 가서 허락을 받아야만 집으로 갈 수 있다는 것이다.

❈ 11권, 저승 여행

오뒷세우스 일행은 굵은 눈물을 흘리며 살기 위해 배를 타고 죽음의 나라로 간다. 키르케가 보내 준 순풍으로 온종일 배를 타고 도착한 곳은 오케아노스. 거기엔 킴메리오 족 땅인데 안개와 구름으로 뒤덮여 있었다. 키르케가 알려 준 장소까지 오케아노스의 흐름을 따라가 허벅지에서 날 선 칼을 뽑아 들고 구덩이를 판 다음 모든 망자를 위해 제주(祭酒)를 부었다.

꿀 탄 우유, 달콤한 포도주, 물, 뽀얀 보릿가루를 뿌리고 망자들에게 탄원했다. 이타카로 가면 더 훌륭한 제사를 지내겠다고 애원하고 곧 양들을 구덩이 안으로 잡아 와 멱을 따니 먹구름 같은 피가 흐르자, 목숨 잃은 망자들의 영혼이 에레보스 위로 올라와 모여들었다.

처녀, 총각, 노인, 소녀, 사내와 수많은 사람들이 비명을 지르며 나타났다. 전우 엘페노르, 돌아가신 어머니, 그리고 테바이의 테이레시아스가 나타나 귀향은 할 수 있지만 쉽지 않을 거라 말한다. 그러곤 또다시 수많은 영혼이 나타난다. 펠레우스의 아들 아킬레우스, 파트로클로스, 안틸로코스, 아이아스, 오리온과 티튀오스, 가이아의 아들. 그는 땅바닥에 누워 있는 그 앞에서 독수리 두 마리가 앉아 그의 간을 찢어 먹으며 창자 점막까지 파고 들어가는데 그는 손으로 쫓아내지도 못한다.

탄탈로스와 시쉬포스가 고통을 겪고, 헤라클레스의 힘도 보았다. 수많은 망자의 무리가 소리를 치며 몰려들어 와 오딧세우스는 창백한 공포로 사로잡힌다. 그들은 바로 배에 올라타 오케아노스 쪽으로 노를 저어 갔다. 아름다운 순풍도 배를 이끈다.

✵ 12권, 세이렌들

"세이렌들은 초원에 앉아 낭랑한 노래로 호리는데, 그 주변에는 썩어 버린 사람들의 뼈가 무더기를 이룰 정도로 많고 도처에 그들의 살갗이 오그라들고 있지요. 다른 사람들은 아무도 듣지 못하도록 그대는 꿀처럼 달콤한 밀랍을 이겨 전우들의 귀에 발라 준 다음 그 옆으로 배를 몰아 지나가세요."

키르케는 오뒷세우스 일행의 앞날에 펼쳐질 사건에 휘말리지 않도록 조언한다. 저승에서 돌아온 그가 그녀에게 거기서의 일들을 알려 준 대가다. 오뒷세우스는 세이렌의 노래를 듣고 싶어 자신의 몸을 결박한 채 밀랍을 바른 일행들과 무사히 세이렌의 유혹의 물리친다.

키르케는 또 항해 중에 검푸른 눈의 암피트리테의 거대한 파도가 노호하는 바위들과 안개로 덮인 동굴의 끔찍한 괴물들과 계속 엄청난 일들이 일어날 테니 조심하란다. 오뒷세우스는 여러 고비를 겪고 항해하다 그만 동료 6명을 잃고 아름다운 섬에 도착한다. 그곳에서 앞 못 보는 예언자, 테바이의 테이레시아스와 아이아이아의 키르케가 예언한 죽게 마련인 인간에게 낙을 주는 헬리오스의 그 섬을 피해야만 한다고 남은 부하들에게 말한다. 그러곤 달콤한 물가 근처에서 배를 세우고, 제우스의 엄청난 폭풍과 사나운 바람과 어둠을 뚫고 동굴로 배를 끌고 가 닻을 내린다.

오뒷세우스가 달콤한 잠에 빠졌을 때 에우륄로코스는 전우들에게 고향 땅 이타카에 가면 헬리오스 휘페리온께 풍요로운 신전을 드리자며 말하고 헬리오스의 소를 잡아 와 죽이고 구워 먹는다. 이 소식을 들은 헬리오스는 노여워하고, 젊은이들의 판결 후 오뒷세우스는 굉음을 내며 몸이 던져져, 아흐레 동안 실려 가다가, 열흘 째 밤에 신들은 오귀기아섬에 데려다 놓는다. 그곳에는 인간의 음성을 지닌 무서운 여신 칼륍소가 살고 있었으며 오뒷세우스를 돌봐 주었다고 한다.

※ 『오뒷세이아』의 감상과 해석

이 책은 고대 희랍인들의 대서사시다. 663쪽의 책 두께에 압도돼 선뜻 읽기가 부담됐다. 어려웠다. 무슨 말인지, 어떻게 연결이 되는지, 낯선 이름과 언어들로 복잡해 얼른 이해가 안 됐다. 그래도 붙잡으니 조금씩 연결이 되고 이해가 되기 시작했다. 그리고 언어들이 살아서 꿈틀거렸다. 자연을 묘사할 때는 무한 아름다웠고, 인육을 먹는 장면, 올리브나무 말뚝으로 눈을 찌르는 장면, 공포의 저승 세계, 소를 잡아 죽이는 장면에서는 움찔했다.

이 책은 기원전 약 630~600년 사이에 쓰였다. 실로 방대한 이야기와 섬세한 표현에 감탄한다. 옮긴이는 현재 내 교양학과 교수다. 그는 책 말미에 번역을 위해 영어본, 불어본, 독어본, 그리고 한국어판까지 판본별로 총 8권의 『오뒷세이아』를 비교·참고해 이 책을 번역했다고 한다. 호메로스의 표현을 고스란히 옮기려 문장구조, 조각말, 문체와 표현, 은유까지 그 해상도 그대로 전달하고 싶었단다. 그것은 정확성을 염두에 둔 것이다. 20년간 호메로스를 공부한 그답다. 아름답고도 잔혹한 이 책에 수년간 노고한 그에게 경의를 표한다.

  책 내용은 장대했고 험난함으로 가득했다. 오뒷세이아를 읽으며 나는 그의 그림자가 되었다. 그가 배가 고플 때 같이 배가 고팠고, 그가 두려움에 처했을 때 같이 두려웠고, 저승에 갔을 때 같이 저승에 갔고, 세이렌들이 유혹할 때 같이 유혹당하며 어디든, 무엇을 하든, 누구를 만나든, 오뒷세우스를 따라 움직였다.

  9권에서 12권까지의 중심 사건을 감상·해석하면, 9권에서 오뒷세우스는 꽃에서 나는 걸 먹는 로토스의 유혹을 뿌리치고 퀴클롭스에서 거인 폴뤼페모스와 만나 대결한다. 거인이 네가 누구냐고 묻자 '있지도 않은 자'라고 말하고 그곳을 빠져나온다. 어떤 경우라도 용기와 지혜를 발휘하면 두려울 게 없음을 보여 준다.

  10권에서는, 키르케가 오뒷세우스 일행을 돼지로 만들어 버리는데, 여기서도 그는 키르케와 협상하고 마법에 걸린 그들을 다시 원상복구시킨다. 한발 물러설 줄도 알며 약속도 지킬 줄 안다. 그는 키르케와의 약속대로 그녀 곁에서 한 해 동안 살아 준다. 그러나 그녀는 저승에 다녀와야 한다는 숙제를 준다. 우리네 인생 굴곡은 오뒷세우스에 험난한 여정에 비하면 아무것도 아니다.

11권에서 오뒷세우스가 저승에서 돌아가신 엄마를 만나는 장면은 독자를 울컥하게 한다. 그립지만 영영 볼 수 없는 죽은 엄마를 만나 볼 수 있다니, 그의 엄마는 그곳에서도 아들 오뒷세우스를 걱정한다. 부모와 자식은 죽어서도 걱정스러운 존재인가 보다.

12권에서는, 세이렌들의 유혹과 여러 난관이 펼쳐진다. 그러나 오뒷세우스는 어떤 홀림도, 어떤 고난도 불굴의 의지로 모두 헤쳐 나간다. 어떤 곤궁에서도 피하지 않고 맞닥뜨려 전진해 나간다. 주변인들에 대한 책임감, 고향 이타카에 가겠다는 목적이 있어서다. 『오뒷세이아』는 인내의 가치, 인생은 모험, 인간존재의 의미에 대해 생각게 하고, 고전 문학의 묘미를 알게 하며, 상상 이상의 세계에 닿게 한다.

신념, 마법이 되다

 살아야 했다. 성공해야 했다. 꿈을 이루어야 했다.
 여태껏 살아온 삶을 버리고, 어디든 떠나 처음부터 다시 시작해야 했다. 그곳은 광활한 미지의 세계였다. 그렇게 그는 새로운 세상에 몸을 던졌다.
 강창희가 32년간 미국 뉴욕에서 이민 생활을 하며 쓴 에세이집 『아빠 나 학교 갈게, 아빠는 돈 벌어』는 역경 속에서 성공을 일군 드라마 같은 한 사람의 인생 이야기다. 페이지를 넘기다 보면 노동으로 흘리는 땀의 가치, 생에 대한 집념, 목표에 대한 신념을 읽게 된다.
 저자는 한때 한국에서 잘나가는 사업가였다. 하지만 어느 날 닥친 사업 실패로 극단적 선택을 결심한다. 그러나 그 순간 토끼 같은 자식 얼굴이 떠오른다. 살아야 할 이유였다. 벼랑 끝에서 건진 희망의 끈이었다. 그리고 그는 작정한다. 반드시 내 자식만은 성공시키고 말겠다고. 꼭 훌륭한 사람으로 만들겠노라고.
 그러곤 곧 30대 초 아빠는 7살 아이와 단둘이 무작정 미국 뉴욕으로 떠난다. 아무것도, 아무도 모르는 세상에서 죽기 살기로 삶에 매달린다. 남의 가게 처마 밑에서, 길바닥에서 행상을 하며 1달러를 외친다. 돈이 되는 일이라면 닥치는 대로 도전한다. 주유소 펌프 맨, 세탁소 직원, 옷 장사, 택시 운전수…. 수많은 일거리를 마다하지 않고 해낸다. 그러면서 가슴 한쪽엔 미국에 온 목적, 아이 교육을 늘 명심하고 있다.

미국학교에 입학한 아이는 학교생활이 쉽지 않았지만, 그가 열심히 사는 모습을 보고 살아서인지 최선을 다한 결과, 초등학교 졸업식에서 미국 아이들을 제치고 12개 전 과목 최우수상을 수상한다.

세월이 흐르고, 그는 틈틈이 그동안 하고 싶었던 공부를 시작한다. 내친김에 박사학위를 받고, 목사가 되어 중국, 러시아, 한국을 오가며 선교활동을 겸하며 사업을 확장시킨다. 그리고 마침내, 그의 목표에 대한 신념은 마법이 된다.

이제 그가 길바닥에 흘린 땀방울과 간절함이 맺은 결실이 축복으로 돌아올 시간. 독자인 내 혈관이 뜨거워지는 시간. 감동이 시작된다.

그가 그토록 원했던, 세계에서 제일 좋은 대학교와 대학원에 자식이 입학하고 졸업한 것이다. 그리고 졸업과 동시에 세계적 기업에 스카우트되어 아시아 대표회장 직함으로 전 세계를 넘나들고 있다.

훌륭한 아빠 곁에는 훌륭한 자식이 있는 걸까. 그의 후반부 인생이 보석보다 찬란하다.

바람의 아들

 박건규. 그는 가장 멀리, 가장 높이, 가장 많이 세계를 누볐다. 뚜벅뚜벅 그가 걸어가는 곳마다, 날아가는 곳마다 세상은 그의 것이었다. 온 우주도 그의 것이었다. 이 세상은 눈으로, 가슴으로 차지하는 자의 것. 그는 그렇게 온 세상을, 우주를 향유했다. 그곳엔 언제나 감탄과 감격과 감동이 출렁였다.
 세상에, 나 홀로 배낭여행 80개국이라니. 도대체 지구를 몇 바퀴 돌아야 갈 수 있을까. 그의 여행 행적 자체만으로도 고개가 숙연해진다. 그것은 한 번뿐인 인생을 여한 없이 살았다는 증거다. 삶의 시간을 진정 소중하게 가치 있게 즐겼다는 증거다. 그래서 그조차도 그를 부러워한다. 나는 그런 그가 부럽다.
 작가는 전 세계 곳곳을 여행하면서 동시에 자신을 찾아 떠나는 자아 여행을 한다. 그런 점에서 이 책은 타의 여행기와 사뭇 다르다. 작가의 철학이 탄탄히 담겨 있기 때문이다. 여행지에서 문득문득 떠오르는 사유를 때로는 일기로, 에세이로, 시로, 여행기로 썼다. 인생을 관조하며 깨달은 성찰의 그 글들은 처절하게 아름답다.
 그의 여행 루트를 살펴보며 나는 무척 가슴이 설렜다. 아니 흥

분됐다. 내가 가 보지 못한 세계를 나 대신 갔다 와, 지구 저 너머 낯선 세상 이야기를 들려주니 기뻤다. 그곳의 생태, 삶과 사고방식, 문화를 가만히 책으로 엿볼 수 있음이 얼마나 감사한가. 더군다나 그의 깊은 내면 이야기까지. 해외여행이 쉽지 않은 사람에게 말이다.

작가는 서문에서 존재의 이유와 글을 쓰는 이유에 대해 말했다. 그러곤 느닷없이 자신의 글을 마주한 독자에게 "당신이 진정 가슴 뛰는 존재 이유는 무엇인가?"라고 묻는다. 나는 그 질문에 어떤 답을 할까, 한참 고심했다. 그러고 보니 현재 삶에 너무 아등바등했다.

작가는 여행하면서 돈이 없어, 몸 하나 제대로 누울 곳 없는 수많은 눈망울을 현장에서 보게 된다고 한다. 그러곤 머리를 숙이고 스스로에게 다짐하게 된단다. 나는 늘 감사해야 한다고. 자신을 부러워해야 한다고.

누구나 일탈을 꿈꾸는 일, 다른 세상을 보고 싶은 일, 세상 사람들을 만나 관찰하며 위로받고 싶은 일, 그들의 생각을, 생활방식을, 문화와 삶을 들여다보고 싶어 배낭 가방에 여행 책자와 노트를 가지고 다니며 오롯이 담아낸 그의 진솔한 이야기들은 읽을 때마다 무덤덤한 내 가슴에 격한 파동을 일으킨다.

글을 읽는 내내 나는 철학에세이를 쓴 전혜린이 생각났고, 서정 묘사가 살아 있는 『청춘은 아름다워라』의 헤세가 생각났고, 바람의 딸 한비야가 생각났다.

그는 한껏 자유로운 영혼으로 떠도는 방랑자며 철학자며 에세이스트며 시인이다.

작가는 여행하는 동안 이방인으로서 외로운 여행이었을지 모르지만, 온 우주와 세상 앞에서 혼자가 아님을 깨닫고, 한없이 자유분방한 스스로에게 감사함을 알고 있었다. 그래서 『나는 내가 부럽다』가 탄생 됐다.

이 책은 세계여행을 꿈꾸는 사람들에게, 또는 다른 나라에 가보지 못한 사람들에게 특별한 안내서와 무한한 간접 여행을 하게 한다.

탕, 취향 저격

그는 엄청난 필력, 박식함, 천재성으로 똘똘 뭉쳤다.

여기저기 마구 휘두르는 글 갈기 갈기마다 흘러넘치는 에너지와 카리스마, 그리고 날 선 아우라. 가히 범접할 수 없다. 순수와 파격, 선과 악, 유연과 날카로움, 모든 극과 극은 글 곳곳에서 난도질을 당한다.

그를 처음 만난 건 십수 년 전 다음 카페에서였다. 사정없이 올라오는 그의 글을 접하며 선뜻 사르트르가 상륙한 줄 알았다. 그랬다. 그는 분명 프랑스 실존주의 철학자 장 폴 사르트르 같았다. 실천적 지식인이며 문학가이며 평론가. 부르주아적 생각을 버리고 영원한 실존이기를 바랐던 철학자. 나는 어느새 그의 보부아르처럼 지적교류 대상자가 되어 있었다.

성경, 사랑, 영화와 드라마에 대한 폭넓은 지식을 한껏 자유롭게 버무린 부창민의 『맛&멋 그리고 뒤태』는 거침이 없이 거칠면서 부드럽고 강렬하다. 방대한 앎을 술술 열거해 주술사처럼 혼을 쏙 빼놓는다. 그래서 때로는 전율이, 아찔함이, 소름으로 자지러지기도 한다.

이 책 속엔 철학, 역사, 정치, 과학은 물론 인생의 생로병사, 희

로애락, 탐진치(탐욕, 분노, 어리석음)로 가득하다. 나는 읽는 내내 작가의 예리한 붓질과 칼질에 탄복한다. 과연, 내 취향 저격.

그는 언어예술의 아나키스트

　물밀듯 밀려오는 그의 지적 홍수. 그 다이내믹한 글발에 빠진다. 그것은 그만의 특유한 천재성 광기다.

　시각, 청각, 촉각으로 써 내려간 『법창에 목멘 사람들』은 한 편의 대서사시다.

　그가 오랫동안 사고하고, 학습하고, 추론한 결과며 용의주도하게 계획된 것이다. 왕성한 의욕과 주의력과 창조력을 갖췄다는 얘기다. 성경이란 이름하에 모든 인간 욕망의 집결지, 문학, 예술, 철학, 역사를 설파한다. 동서양은 물론 고전과 현대를 막론하고, 장르를 넘나들며 째고 후비고 물고 늘어진다.

　때로 그의 감정 세계는 몽환적이며 광란적이다. 식지 않는 지식욕, 갖은 시도와 모험은 그를 더 열정적으로 살게 하는 에너지다. 많은 영감을 부추기는 불쏘시개다. 그렇게 만들어진 책의 품격은 그 어떤 책을 망라하고 압도한다. 그러니 사람들이여, 감히 범접할 수 없나니 그 앞에서 그 무엇을 논하지 마라. 그 자체가 대형서점이니 너무 아는 체를 하지 마라.

　저자는 언제나 창작욕을 불태우는 언어예술가. 그 자체가 감흥이요 충격이다. 인간본능의 모든 것들, 세상을 바라보는 예리한 투사, 성경에서부터 인문학까지 자신만만하게 투시하는 그의 앵글에 나는 질투를 느낀다. 그, 부창민은 진정 언어예술의 아나키스트이다.

이토록 열정

"이넘아, 딴따라대학 보낼라꼬 논 팔고 소 팔란 말이가?"

마산 소년은 대학 진학 전 부모의 따가운 질타로 성악도 피아노도 아닌 법학도의 길을 택했다. 하지만 사법, 행정고시 합격의 길마저 최루탄 연기 속 함성과 함께 사라져 오직 한길, 금융인의 길만 30년 걷는다.

그러나 못 버린 꿈, 성악가. 성악가가 되고 싶어 지독한 독학 끝에 국내 최정상 성악가들과 어깨를 나란히 하는 무대에 오른다. 세종문화회관, 한전 아트홀, 여의도 아트홀에서 수차례 공연을 한다. 국내 100개 섬 트레킹 완보, 시인, 수필가 등단, 책 2권 발간, 끝없이 버킷리스트를 채운다.

지금은 선홍빛 동백이 꽃봉오리를 터뜨릴 때. 동박새가 반가운 얼굴로 동백꽃에게 입맞춤할 때. 그 진액 동백꽃 꿀을 주고 빨아 먹고 서로 교감하며 감사하는 시간. 계속 도전하고, 시도하고, 모험하는 사람 박장식.

그는 어느 날 예술의 전당에서 국내 최정상 성악가 테너 김영환의 독창회를 관람한다. 그는 「그라나다」라는 스페인 가곡을 불렀는데, 그 노래에 반한 그는 악보와 CD, 동영상을 구해 스페인어 가사 암기, 정확한 발음, 고음과 감정 처리를 수개월간 병행하며 연습한다. 그러곤 '아츠풀센터'의 단 5분 공연을 위해 67세에 스페인 그라나다로 떠난다. 그 음악 배경이 되는 자연환경을 심신에 담아 와 맘껏 기량을 펼치고 싶었던 것. 그 결과 대형 홀에 꽉 찬 관중의 함성과 박수가 터졌다.

 칠순 때는, 세계에서 가장 힘들다는 '산티아고 순례길' 800km를 총 39일 만에 완보했다. 하도 험난해 참가자 70%가 도중에 하차하는 그 길은 육체와 정신과 영혼과의 싸움이자, 내 안의 진짜 나와 싸워야 하는 길이다. 미지의 세계에 대한 설렘과 고행, 고통과 두려움이 교차되었지만 전력 다한 그때를 생각하면 아직도 가슴이 벅차단다.

 도전은 그를 젊게 하는 힘. 그의 이야기를 들으면서 인생은 속도가 아니라 방향이라는 말이 떠올랐다. 행복은 찾는 게 아니라 바로 지금. 소소한 감사리스트의 음미가 버킷리스트보다 더 소중하다는 70대 후반 그는 성악 독창회를 한두 번 더 하고 싶어 지금도 꾸준히 성악 스튜디오에서 레슨을 받는다.

 그리고 2년 후, 그 집요한 꿈을 이룬다. 분당 T아트센터에서 수많은 사람 앞에서 독창회를 연다. 온 열정을 다해 부른 명곡은 기립박수와 함께 감동의 도가니였다.

 "무대에서 몇 번 노래했다고 성악가 행세하고, 빈약한 내용의 책 한두 권으로 작가 행세하면 안 된다. 음악에 대한 진정한 이해와 남다른 노력으로 무대에서 출중한 기량으로 팬들에게 감동 주는 음악인이어야 한다. 옳은 문학인이 되려면 일상생활에서 언행이 옳아야 옳은 글이 만들어진다."

5. 열정과 몰입으로

기쁨을 주니 행복이 오네

 우리네 습성은 착한 사람을 만나면 착해지려 하고, 열심히 사는 사람을 만나면 열심히 살려고 한다. 즉 어떤 사람을 만나느냐에 따라 그 영향력이 전파된다.
 첫눈에 "나 착해요."라고 쓰진 사람을 만났다. 어렵게 사업을 하면서도 꾸준히 수익금 일부를 기부하는 인심 좋은 사람. 그 사람의 이름은 밝히지 말아 달라고 하니, 독자 여러분의 너른 이해를 바란다.
 "공부 많이 하고 싶었는데 못 했어요. 주산학원 보내 달라고 부모님께 졸랐는데 못 보내 줄 정도로 가난했어요. 똑똑하다는 말 많이 들었지만, 집에서 못 해 주니까 반항심에 불량소년처럼 삐뚤어졌었죠. 그러다 군대 갔다 와서 정신 차리고, 결혼해서 애 낳고 살다 보니 열심히 살게 됐어요."
 그는 회사의 수익금 일부와 홍삼 제품을 성남시 각 동, 기관, 단체, 장애인, 독거노인, 노숙자, 고아원에 5년째 기부한다. '이로운재단' 이사로 있으며 사회공헌 활동을 하다 보니 남을 돕는 일에 중독된단다.
 현금 5백만 원으로 건강식품 사업을 시작해, 보험회사, 상조

회사를 돌며 영업했다. 그러면서 사기도 당했다. 그래서 브랜드를 만들고 제품을 개발했다. 그렇게 해서 6군데 사업장과 1개 음식점을 냈다.

"가난해서 물려받은 재산이 없어요. 어렸을 때부터 기대고 일어날 곳이 없었죠. 그래서 되게 고생했어요. 가장 힘들었던 건 유튜버 때문에 60억 정도 손해 봤을 때예요. 기부 목적으로 홍보 도움을 청했는데, 유튜버들이 꼬리를 물고 나쁜 기업으로 몰고 가더라고요. 사업으로 이용하는 걸로 보였나 봐요. 그래서 지금은 음지에서 조용히 돕고 있어요. 더 열심히 일해서 복지 사각지대에 있는 분들에게 기쁨을 주고 싶어요."

그의 진심 담긴 따뜻한 마음씨. 그냥 살아가는 게 아닌, 따뜻한 세상을 만들어 가고 싶은 그의 생각. 사업 성공만 꿈꾸는 게 아닌, 어려운 이웃과 더불어 살아야 한다는 마음. 남다른 철학을 갖고 발 벗고 열심히 뛰는 모습이 각박한 사회에 울림을 준다.

뭔가 의미 있는 일을 해서 남을 기쁘게 하는 일, 그게 삶의 참맛이 아닌가.

"남을 위한 인생을 살 때 가장 감동적인 인생이 되는 것을 나는 발견하였다."라고 말한 헬렌 켈러의 명언이 스친다.

진주보다 땀방울

그 손을 보면 웃음이 난다.

굵고 두툼한 모습은 거북이 등딱지다. 그러나 뚝배기처럼 푸근하고 다정하다. 말투는 순박하고 마음씨는 따뜻하다. 자세히 보면 그동안 살아온 삶이 녹아 있다. 시내와 농촌 곳곳을 돌며 전기공사로 생긴 상처다. 긁히고, 찔리고, 베이고, 감전도 많이 되었을 손. 33년간 얼마나 많은 전기를 다루었을까. 우리는 단 하루도 전기 없이 살기 힘들다는 걸 알기에 감사하지 않을 수 없다.

충청도에서 고등학교를 졸업하고 서울로 올라온 그는 어린이 전집을 팔러 다녔다. 열심히 뛴 탓에 영업왕도 됐는데, 회사가 망해 전기 일을 배워 한전에 들어갔다. 한전은 밤낮 교대 근무를 한다. 밤샘 작업을 하는 날에는 몸이 고됐지만, 낮에 잠만 자지 않고 의미 있는 일을 하고 싶었다.

자기 계발을 위해 전문대를 마치고, 4년제 대학에 들어가더니 석사학위까지 받는다. 그러곤 사회를 위해 할 수 있는 일이 무얼까, 생각하다 봉사를 시작한다. 봉사직 재향군인회장직도 맡은 지 8년째다.

그에게 가장 보람된 봉사는 코로나 때 마스크 82만 장을 단체와 시설에 뿌린 거다. 그 많은 마스크 수백 박스를 일일이 다 트럭에 싣고 다니며 봉사원들과 함께 광주 구석구석에 뿌렸다. 다음은 8군데 봉사단체 회원들과 소외된 이웃들을 찾아가 따뜻한 마음과 미소를 전하며 그들에게 도움을 주고 힘과 용기를 줄 때다.

왜 그렇게 봉사하냐고 물으면, "아빠가 봉사하는 모습을 보고 자식들도 나중에 봉사하며 살았으면 좋겠다."라고 한다.

누가 알아주든 안 알아주든 봉사는 그의 삶 일부며 즐거움이다.

정치하는 사람 중에는 선거철만 반짝 시민의 표를 인식한 봉사를 한다. 사진 찍기 위한 광고성 봉사다. 진실로 참된 위정자라면, 묵묵히 자신의 역할을 충실히 하면서 시민의 손과 발이 되어 땀나게 뛰어다니며 봉사해야 한다.

그의 사무실에 걸린 플래카드에는 '신뢰 있는 사회, 정감 있는 사회'가 큼직하게 써 있다. 그것은 김재경이 꿈꾸는 사회상이다.

야근 근무하는 직장인으로 잠잘 시간을 줄이고, 여기저기서 봉사하며 흘린 그의 땀방울은 진주보다 영롱하고 값지다.

호수 위의 백조들

 그렇게 하고 싶었을까. 얼마나 하고 싶으면 삼성 우수사원을 박차고, 다시 4년제 음악대 성악과에 들어갔을까.
 그의 미래는 예술을 하는 삶이 더 좋겠다는 생각에, 원하는 삶을 살고자 다 버리고 새로 시작했다. 계열별 전국 최상위 수능 점수로 수석에 입학한 그는 이후 음악 활동을 계속하고 싶어 음악 불모지 중소도시에 코랄합창단을 창립한다.
 그러곤 예술로는 생활이 어려워, 막일을 하며 16년째 18회의 정기연주회와 100여 회 크고 작은 음악회를 연다. 어떤 지원이나 후원은 없다. 7번이나 이사하며 44명의 단원이 모여 연습할 사무실 임대료도 혼자 감당했다. 곰팡이 가득한 지하연습실, 오래된 건물, 교회 성가대실에 더부살이하며 오늘까지 온다.
 KBS홀에서 베토벤 교향곡 제9번 「합창」을 연주했고, 줄리어드 음대 출신 작곡가의 '오라토리오 사도 요한'을 광주시문화예술의전당에서 70여 명의 오케스트라와 함께 세계 최초 공연도 했다.
 시에 송년음악회 개최를 제안해 매년 정규 연주 행사와 문화 인프라 구축에도 적극 아이디어를 내고, 한 해에 20여 회 크고 작은 음악회를 연다. 팝송, 신작 가곡, 전문 합창곡, 베토벤, 멘델스존 레퍼토리도 보유하고 있다. 단원들이 매주 연습실에서 10년 넘게 연습한 결과다.

단원들에게 회비, 운영비, 의상비, 연주비를 징수하지 않고, 출연료가 생기면 단원들에게 지급하면서 늘 정당한 대우를 못 한다며 미안해하는 최재형 단장.

"문화는 미래를 가치 있게 하는 힘이 있고, 사회 유대감과 연대감을 유지하게 해 주죠. 흐릿해지면 행복에서 멀어져요. 선진국이 되려면 과학기술을 넘어 문화가 마지막으로 정점을 찍어야 해요."

그의 바람은 많은 시민이 풍성한 문화예술을 즐기는 거다. 그가 그동안 10년 넘게 쌓아 온 운영 경력과 연주에 대한 노하우는 무엇과도 바꿀 수 없다. 어려움 속에서도 꿋꿋이 불우한 청소년들에게 중고 디지털 피아노도 후원한다.

호수 위의 백조는 물 위를 아름답고 우아하게 거니는 것처럼 보이지만, 물 밑에서는 그 우아함을 유지하기 위해 두 발로 치열하게 몸부림친다.

나무, 예술이 되다

　순수 그 자체 백골. 그 나무가 살던 숲속 이야기가 궁금했다. 자세히 귀 기울이니 새 소리, 곤충 소리, 바람 소리가 들린다. 손으로 살며시 만져 보니 참한 여인의 살처럼 부드럽다. 나는 어린 시절 뒷산에서 껴안고 놀던 나무가 생각나 지그시 눈을 감았다.
　백골은 옻칠하기 전 목기나 목물을 말한다. 백골 작업이 완벽해야 가구와 작품을 잘 만들 수 있다. 우리나라 백골계 최고 1인 무형문화재 김의용 소목장 작업실을 찾았다. 소목은 나무를 다듬어 집 안에서 활용하는 가구를 만드는 사람으로, 농, 문갑, 상, 반닫이, 서랍장, 문짝 등 여러 가지를 만든다. 대목은 나무를 다루어 집이나 큰 건물을 짓는 사람이다.
　외길 인생 61년째, 문화재 등록된 지 28년. 그가 소목장을 하게 된 계기는 17살 때 뭘 해서 돈을 벌까 생각하다 우연히 이 일을 시작해 지금까지 쭉 이어 오고 있다. 그때 스승이 서울시 문화재였다.
　그는 주로 소나무과의 옹이 없고 무절로 깨끗한 홍송나무, 느티나무, 참죽, 국내 나무와 오래될수록 좋은 7백 년 이상 된 나무를 쓴다. 옛날에는 적산가옥을 뜯어서 나온 나무를 썼다. 소나무는 송진이 나와서 옻칠을 해도 오래되면 송진이 올라와 한옥에 안 쓴다.

2층 갤러리엔 호화롭고 정교한 작품과 소박한 작품으로 가득하다. 함, 약장, 반닫이, 교자상, 경대가 눈길을 끈다. 화려하기로 말하면 장롱과 보석함, 화장대, 문갑을 빼놓을 수 없다. 작품 표면에 아름다운 문양 위로 황금을 도배한 듯 휘황찬란하다.

목공 예술이 오래가는 이유는 못질을 안 해서다. 나무와 나무를 이어 붙일 때 못을 박으면 작품에 변형이 있어 오래 못 간다. 그래서 구멍을 파 끼워 맞추는 장부를 한다.

그의 손은 상처투성이. 작품을 위해 나무를 자르고, 갈고, 짜 맞추고, 빈틈없는 결과물을 내놓기 위해 고생한 손. 그때마다 뿌연 나무 먼지를 마시고 흐린 시야로 숨쉬기도 힘들었을 것이다. 작품을 감상하며 그의 수고로움을 읽는다.

그의 명작은 로마 바티칸 성당에 기증한 10m 높이 3m 벽화 작품이다. 나전, 옻칠, 백골 합작으로 만들어져 1년간 교황청 박물관에서 전시되었다. 삼성가와 자연농원, 호암미술관 지을 때도 오래 관여했다.

타고난 부지런함으로 50년간 쓸 나무를 확보해 놨다는 그. 전국으로 돌아다니며 10년 이상 된 나무를 사다 7~8년 자연 건조 시켰다가 물건을 만들 때마다 재단해 건조장에서 1달씩 또 건조하고 숙성시켜 작업한다.

완벽한 작품이 되기 위해서는 완벽한 백골이 필요하다. 백골의 자태로 작품이 되기를 기다리고 있는 그 하얗고 순수한 자태가 그렇게 매력적이지 않을 수 없다. 그의 곡진한 외길 인생에 고개가 숙어진다.

설렘, 낭만, 감성

 풀과 달이 아름다운 곳 초월(草月). 이곳에 소년처럼 수줍음이 많고, 신비함과 달콤함으로 휩싸인 한 사람이 있다. 그는 분명 먼 우주에서 온 사람이다. 사람들의 혼과 감성을 홀딱 뺏어 놓은 걸 보면.

 그와 마주하며 슬프도록 아름다운 음률에 한껏 취했던 날들이 떠올랐다. 윤시내의 「열애」, 「DJ에게」, 최백호의 「내 마음 갈 곳을 잃어」, 유열의 「이별이래」, 김종찬의 「당신도 울고 있네요」, 이동원의 「이별노래」, 「애인」, 장재남의 「빈 의자」, 김태화, 정훈희의 「우리는 하나」…. 70~90년대 수많은 히트곡을 지어 대중의 사랑을 한껏 받았던 그.

 그는 중학교 때 처음 교회에서 음악을 접했다. 그때부터 음악에 미쳐 오직 한길, 작곡가의 길만 걸었다. 그전까진 막연히 그림을 잘 그린다는 칭찬에 화가가 되고 싶었다.

 「내 마음 갈 곳을 잃어」가 데뷔곡이고, 알려지지 않은 곡 중에도 더 좋은 곡들이 있다. 이를테면 윤시내의 「사랑의 시」 같은 노래.

 요즘도 틈나는 대로 습관처럼 곡을 쓴다는 작곡가 최종혁. 한

때는 발라드나 댄스를 넘어 연극 음악과 뮤지컬 음악에 심취해 여러 장르를 조합한 작곡도 많이 했다. 「동숭동 연가」를 시작해 「빅토르 최 뮤지컬」로 음악 대상을 받고, 「한여름 밤의 꿈」, 「어린왕자」, 「헤라클래스」 등 10년간 수십 편을 무대에 올리고, 동요 「내 동생」, 「달맞이 가세」, 「견우직녀」 등 KBS TV유치원 사용 동요 100여 곡을 지어 장르를 넘나들며 열정을 보였다.

그러나 탄탄대로의 길을 걸었던 그도 힘들었던 때가 있었으니, 그것은 유행가의 속성상 시대의 흐름을 못 따라가 도태돼 이젠 한물갔구나 하는 생각이 들었을 때란다.

예전엔 선율을 중요시해 감성에 젖었다면, 요즘은 리듬을 강조하고 자극적으로 만들어 상업성을 띠어야 한단다. 그러다 보니 자연 곡의 수명이 짧아진다. 그래도 작곡자들은 오래 기억되는 사람으로 기억되고 싶어 할 것이다.

그와의 만남은 오래전 헤어진 첫사랑을 만난 양 설렘이었다. 우리 초월에 산 지 26년이나 되었는데도 아무도 모르게 산 건 그의 성품 탓이다. 조용히 초야에 묻혀 음악을 벗 삼고 글을 매만지며, 그 글에 그의 영혼을 불어넣어 생명을 주는 작업에 몰두한 이유다.

그가 밤샘하며 끊임없이 지은 수많은 곡이 다시금 날개를 펴고 세상 밖으로 날아오르길!

꿈 너머의 꿈으로

"꿈 너머 꿈은 무엇이 되느냐를 넘어 무엇이 된 후, 어떤 일을 할 것인가. 꿈이 있으면 행복해지고, 꿈 너머 꿈이 있는 사람은 위대해진다."라는 말이 있다.

그는 꿈 너머 꿈을 선명하게 보여 준다. 농부의 아들로 태어난 꿈 많은 소년은 아버지가 '자식 중 한 명이라도 농협에 들어가는 게 꿈'이라고 해, 그 소원을 들어주려고 농협에 입사한다.

사람들은 왜 힘들게 대학까지 나와서 대기업에 안 가고 농협에 갔느냐고 물었다. 그러나 그는 열심히 근무하면 임원이 되고, 지점장을 거쳐 조합장이 될 거라는 꿈을 가졌다. 그러곤 마침내 그 꿈대로 꿈을 이루었다.

그는 다시 꿈 너머 꿈을 꾼다. 그것은 곤지암 지역 주민과 조합원이 복지와 문화 혜택으로 더 행복해지는 것이다. 구시가지의 본점을 새로운 시가지에 확장 이전해 '행복타운'을 만드는 일이다.

그러곤 더 좋은 아이디어들을 짜내 실행한다. 농협에서 운영하는 하나로마트에 농민들이 고생해 재배한 작물을 판매해 주는 로컬푸드 매대와 즉석식품 코너를 만들고, 장례문화원 활성

화와 택배 사업까지 성장시켜 흑자를 노린다. 재난지원금, 효행사, 건강검진, 장학금, 출산지원금, 벼 육묘 사업도 확장한다.

그는 맹자가 말한 "산 사람을 봉양하고 죽은 사람을 장사 지냄에 유감이 없게 하는 것"을 실천하려는 데에 정성을 다하는 사람 같다. 이는 가성비 있는 장례를 치르게 해 전년 대비 이용 건수 40% 성장시켰으니 말이다.

모내기 철과 벼 베기 철엔 작업복을 입고 매일 현장으로 달려가 막걸리와 먹거리를 사 들고 위로와 봉사를 한다. 조합원들의 경조사는 꼭 챙겨 부산, 여수, 목포 전국 어디든 찾아간다. 평생 농부의 아들로, 농협인으로 살아와 누구보다 농부의 삶을 잘 알고 있는 그다.

조합원들과의 소통을 위해 사무실과 SNS는 늘 개방돼 있다. 늘 무얼 해야 농협 가족이 행복할까를 고민하며 오늘도 하얀 도화지에 밑그림을 그린다. 큰 계획을 세우고, 그 계획을 이룰 생각에 잠이 안 온다는 구규회 조합장.

논밭은 지금 황금빛으로 눈부시다. 그곳에 농민들의 한숨과 고뇌와 감사함이 녹아 있다. 알알이 여문 곡식들은 농민들의 땀방울이다. 그들이 땀을 쏟은 만큼 보상받는 삶을 만들어 주기 위해 그는 오늘도 열심히 뛴다.

하모니는 영혼을 울리고

고요한 숲속이었다, 향기로운 달밤이었다, 휘몰아치는 태풍이었다.

때로는 기쁘고, 때로는 슬프고, 때로는 역동적이었다. 나는 어느새 음악의 바다에 풍덩 빠졌다. 지휘자의 손놀림에 오케스트라는 변화무쌍한 음률로 춤췄다.

그는 오케스트라 지휘자면서 작곡과 출연진 섭외, 모든 공연을 혼자 준비하고 진두지휘하는 기획자다. 농촌이 절반인 광주에 전문적인 오케스트라를 만들었다.

대학 시절부터 지휘에 관심이 많았던 그. 지휘자는 누구든지 전공악기를 토대로 입문하는 것이 관례여서, 음악가라는 전문가의 길을 걸으려 독일로 가 금관악기 트롬본을 전공한다.

귀국 후 오케스트라 연주자로 대학에 출강하고, 다시 지휘자 꿈을 이루러 러시아 그네신 국립음악대학에서 디플롬을 취득해 본격적으로 지휘자의 길을 걷는다. 성남시립교향악단, 여러 단체 객원지휘자로 초청받아 공연도 한다. 20년 전부터 판타지아 심포니오케스트라를 창단해 활동하며 광주필하모니오케스트라 지휘자를 겸한다.

작곡이란 번뇌와 고뇌라는 시간 속에 갇혀 자신의 영혼을 담는 작업이다. 이런 과정에서 불후의 명곡이 탄생한다. 베토벤 교향곡 제9번 「합창」은 구상할 시기부터 따지면 30년이나 걸렸다고 한다. 이렇듯 한 작품의 완성도를 위한 고뇌를 안다면 어느 작곡가든 존경하지 않을 수 없다. 천재적인 작곡가 모차르트는 단 몇 시간 만에 명곡을 완성했지만 말이다.

지휘자는 현악기, 관악기, 타악기군으로 세팅된 오케스트라를 끌고 가기 위해 각각의 악기에 대해 이론적으로 알고, 특성을 알아야 한다. 그래야 지휘자로서의 자격과 안목을 갖추게 된다.

독선적인 카리스마로 지휘했던 이태리의 지휘자 토스카니니와 비교된 김기원 지휘자. 그가 이끈 75명의 단원들은 대부분 유학을 다녀온 멤버로 구성돼 수준 높은 수석 체제로 움직인다. 오직 실력 우선으로 단원들을 배치해 그들을 잘 컨트롤해야 한다는 철학을 갖고 있다.

수많은 단원을 하나의 하모니로 이끌며 조화롭게 지휘하는 그의 절묘한 손놀림, 검은 슈트 차림의 뒷모습, 부드러움과 카리스마, 열정, 긴장, 하나하나에 사로잡힌다. 각박한 사회를 살아가는 이들의 영혼에 단비를 뿌린다.

봉선화에 빠져

 강경애의 소설 「소금」에서 소금은 모성이며 생명이다. 주인공은 소금이 없어 음식 맛을 낼 수 없는데도 왜 소금이 부족한지 따지지 않고 그저 음식을 못하는 자신을 타박한다. 그렇다. 소금은 음식 맛을 좌우해 식욕을 돋우기도 하고 잃게도 한다.
 소금은 체액에 존재하며 삼투압 유지에 중요한 구실을 해, 사람이나 동물에게 없어선 안 될 물질이다. 체액이 알칼리성을 띠도록 유지하고, 완충물질로는 산과 알칼리 평행을 유지시킨다. 그러니까 소금은 우리네 생명줄 같은 거다.
 50년간 소금만 만지고, 그중 30년은 봉선화소금에 열정을 바친 사람. 봉선화에 빠져 헤어날 줄 모르는 사람. 그러나 그의 사랑은 혼자만의 비밀스러운 사랑이 아니다. 그는 세상 사람과 함께하고파 봉선화꽃씨 나눔, 봉선화꽃길 만들기, 봉선화꽃 축제를 벌이고, 봉선화 추출물이 들어간 여러 종류의 소금을 만든다.
 "봉선화의 다른 이름은 투골초죠. 몸속 나쁜 균을 뽑아 준다는 뜻으로 Garden balsam, 정원의 약초로 불리고, 항균 작용을 해서 무좀 걸린 발톱에 봉숭아 물을 들이면 무좀이 없어지기도 해요."

그는 50년 전 동네방네 다니며 소금 장사를 하다 문득, 남과 똑같은 소금을 팔면 안 되겠다는 생각이 들었다. 그러던 어느 날, 직장 내 식품 개발하는 사람한테 봉선화가 건강에 좋다는 이야기를 듣고 봉선화소금을 개발한다. 그 소금은 항산화 역할을 해서인지 음식이 상하지 않고 맛있었다. 그렇게 해서 지금까지 봉선화와 열애 중이다.

그 봉선화는 카네이션처럼 겹겹이기도 하고, 한 꽃에 두 색깔이 들어가 모양도 색도 다양하다. 매년 곤지암 일대 2km가 넘는 봉선화 꽃길에는 5가지의 봉선화가 핀다. 그 꽃은 색과 모양으로 구분하는데 총 120개 이상의 종류가 있단다. 예전 우리네 시골 시궁창 물을 맑게 정화시킨 그 꽃. 봉선화지킴이 이종갑은 그 꽃이 전국에 피어나길 바라는 마음으로 15년째 매년 5천에서 9천 개 봉선화꽃씨가 든 봉투를 뿌린다.

7년 전 대장암 말기 판정을 받고 죽음의 문턱에서 봉선화로 인해 살아난 그. 죽은 물도 살리는 그 꽃의 위력인가. 그래서 그 꽃에 매달린다. 마을을 키우고, 식품으로 발전시켜 건강과 환경을 지키고, 지역 특화 사업으로 뿌리내리려 한다.

나누며 베풀며

　40년째 한 자리를 지키는 안경원이 있다. 광주시 중앙로 97번지 '류옵티칼' 안경원. 그렇게 한 자리를 지키는 건 그만큼 장점과 고객과의 신뢰가 두텁다는 거다. 그곳 유인술 대표의 기쁨은 틈틈이 나눔과 베풂을 할 때다. 관내 고교생들에게 3년간 1천여만 원을 수여하고, 자신의 책 독후감 대회를 열어 많은 학생에게도 수백만 원의 장학금도 주었다. 60년 전엔 '원화복지학원'을 설립해, 돈이 없어 초등학교만 나온 사람들에게 야간에 중학교 교육과정을 받을 수 있도록 무료로 배움의 기회를 줬다. 그 선행은 그가 고학생으로 자취하며 중고등학교를 야간으로 나와 한이 맺혀서다. 쉽지 않은 선행이다.

　그의 삶에서 가장 감명받은 때는 '감사패와 황금열쇠'를 받을 때란다. 60년 전에 세운 '원화복지학원' 학생들이 배움의 길을 터 줘 고마워서 준 선물. 감사패에는 '반세기 전 가난해 중학교 진학을 못 한 후배들을 위해 주경야독의 슬로건으로 못다 한 공부를 할 수 있게 해, 인생에서 가장 소중한 꿈과 희망을 품게 해 주신 분'이라고 써 있다.

　중고등학생들에게 장학금을 주려고 독후감 대회 광고를 신문에 냈는데 제자들이 보고 연락해 55년 만에 만났다. 어느새 그들은 70대가 돼 대구에서, 부산에서 만났는데 손주들이 영어를 물어볼 때 가르쳐 줄 수 있다는 게 보람이라고 하더란다.

그의 나이 26세 때, 고향 합천에다 학원 설립을 하려는데 돈이 없어서 연필 장사를 했다. 대구 역전과 부산 자갈치 시장 앞에서도 했는데, 그 광경을 본 신문기자들이 사회면에 그 내용을 크게 실어 줘 기사를 본 경북대학교 ROTC 육군 대령들과 자매결연을 맺고 도움받아 설립해, 중학교에 못 간 80여 명에게 국어, 영어, 수학, 한문을 가르쳐 검정고시를 보고 대학도 나왔다.

어떻게 그렇게 어린 나이에 좋은 일을 하겠다고 나섰을까. 그 나이 때면 자기 앞가림하기 바빠 남을 돌볼 시간이 없을 텐데 말이다.

최근엔 7년간 그림을 그려서 국립현대미술관 개인전에 전시했던 작품을 모아 고객들에게 선물로 다 나누었다. 그것도 가치를 따지면, 그동안의 수고와 재료비와 시간과 정성이 엄청났을 거다. 나눔으로 누군가가 행복해지면 주는 이 또한 즐거운 일이다.

다양한 연유로 인해 불완전한 시력을 가진 이에게 시력을 조정해 주는 안경. 먼지, 바람, 강한 빛 따위를 차단하고 얼굴을 돋보이게도 한다. 시각을 바로 보게 돕는 그의 안경원이 앞으로도 자리를 잘 지켜 베풂의 미학을 전파시키길 바란다. 그의 얼굴에서 진실로 따스함이 느껴진다.

뭐든 다 해내는 사람

비가 오나 눈이 오나 365일 새벽 6시만 되면, 능평교와 그 주변 일대를 쓸고 닦고, 다리 위 화분의 꽃을 정성껏 가꾸는 사람이 있다.

중국 어느 노인이 태산을 옮기겠다고 매일 산 밑 흙을 퍼 날라 기적을 일으킨 것처럼, 그는 세상에서 제일 깨끗한 다리를 만들겠다는 일념으로 10년 넘게 능평교와 사랑에 빠졌다.

오래전 그는 큰 빚쟁이 신세를 청산하고, 그동안 빚 갚는다고 보지 못했던 다리 밑 절경을 보고 감탄해, 능평교 옆 어른 쉼터 정자와 느티나무 주변을 청소하게 됐다. 이어 능평교 아래 신현천 가꾸기도 하며 근처 도서관, 보건소, 어린이집 주변까지 청소한다. 그저 지나가는 사람들 기분이 상쾌해지면 좋은 거다.

"공직자 때 욕심과 교만이 넘쳐 퇴직해 재벌이 되겠다는 허욕에 가진 것 모두 잃고 빚쟁이가 되었죠. 그래서 10년 전 이곳에서 건설회사 창고 일하며 신문 배달, 우유 배달 등 서너 가지 일을 더 해 10년 넘게 죽기 살기로 빚 갚는다고 하루 18시간씩 온갖 일을 했죠. 빚을 다 갚은 뒤에는 빚 갚느라 당한 수모와 능멸을 이겨 내려고 역발상으로 남들이 하지 못하는 일을 해 복수하겠다는 오기가 생겨 도시 팽창으로 파괴된 이곳 절경을 아름답게 만들겠다 맘먹었어요. 세계 최고로 깨끗하고 아름다운 다리를 만들겠다는 엉뚱한 생각이요. 그것이 시간이 지나면서 깨달음이 돼, 선한 영향력을 끼치는 게 진정한 복수라는 걸 알게 되었죠."

그의 하루는 저녁 9시 취침, 새벽 2시 기상해 트럭으로 쓰레기 분리수거장 10곳을 돌며 파지와 고물을 수거한 후, 능평교 일대를 아름답게 가꾸고 7시엔 창고에서 수거한 고물을 내리고 8시에 조식, 다시 출근해 오후 5시까지 일을 마친다. 그 뒤 고물을 싣고 퇴근, 쓰레기 수거장 10곳에서 고물을 수집해 동네 고물상에 판매해 2~4만 원을 번다. 휴일엔 이웃 전원주택 보수와 잔디 깎기, 페인트칠, 도배 부업을 하고, 인력사무소에서 일당벌이도 한다. 그러곤 틈틈이 소설을 써서 등단도 했다.

참으로 그의 하루가 숨 막힐 정도로 벅차다. 뭐든 다 해내는 그. 이토록 세상은 부지런한 자의 것인가 보다.

얼핏 그는 청소하는 사람, 잡일 노동자로 보인다. 하지만 그는 30대엔 대구시경 공보 담당관이었다. 큰 꿈 때문에 경감으로 퇴직해 다 말아먹었지만 사업가였고, 이름 없는 소설가로 책도 4권 냈다. 칠순 때는 아들이 준 여행비 5백만 원으로 비행기 한 번도 안 타 본 사람 10명에게 4일간 해외여행도 시켜 줬다. 그 선함은 변호사 아들에게도 전염돼 마을 변호사로 봉사 중이다.

정리 정돈, 깨끗함과 아름다움은 누구에게나 기분 좋음이다.

오포 능평교 일대를 내 집처럼 가꾸는 그의 이름은 전철. 전철은 지금도 달린다.

책 뒤에

　원고를 출판사에 넘기기까지 많은 시간이 걸렸다. 이번이 4번째 책이지만 늘 책 내는 일은 쉽지 않다. 신중하게 고심하고, 수없이 가다듬어야 책다운 책이 되니까.
　내 글쓰기는 자유로움이다. 현대와 고전, 장르를 넘나들고, 다양한 기법과 각도로, 인간 군상의 삶 자취를 관찰하며 글을 썼다. 일부러라도 다양한 주제를 물색하려 불나방이 불에 뛰어들 듯 그 현장에 들어가 몸소 체험해 보기도 했다. 진실을 쓰기 위해서다.
　몇 년 전부터 바삐 살아 보기로 해서, 6가지 일을 한다. 작가로, 대학생으로, 인터뷰어로, 수필 강사로, 알바생으로, 주부로. 그래서 늘 바쁘다. 그래도 행복하다. 할 수 있는 일들이 쌓였고, 누군가에게 도움이 되고, 성취감이 있다는 것에. 쾌감이 있다는 것에.
　이 일들은 내게 글의 소재가 되고 모티프가 된다.
　Essay는 '시도하다, 도전하다'라는 뜻이다. 내가 가장 좋아하는 단어다. 계속 무언가를 찾아 해 나간다는 것, 살아 있음이다. 그 일이 내게 맞든 안 맞든 상관없다. 그냥 부딪쳐 보는 게 좋다.

그 속에서 내가 정말 즐거워지는 일이 무엇인지, 그 의미와 가치를 찾으면 좋은 거다. 또 그런 일들은 생각지 않게 기회와 행운을 주고, 내가 더 성장하고 발전하는 계기가 된다. 묵묵히 하루하루를 성실하게 진실하게 순수하게 살아 보련다.

뜨겁고도 차가운 사랑의 문장들

- 평론가 부창민

　박성희 작가는 감각적 언어 사용, 강렬한 이미지 구성, 인물 간 긴장감 조율에 능하며, 금기와 자유, 사랑과 이별 같은 보편적 테마를 개인적 감정의 층위에서 섬세하게 풀어내는 능력을 보여 준다. 6면경이라는 그녀의 생활반경이 은유하듯 다양한 재능의 화신이기도 한 그만의 필체는 사파이어 보석처럼 삶의 고난을 온몸으로 통과한 한 여성이 사랑과 헌신, 감사의 마음으로 새 인생을 살아가는 이야기를 시작으로 독특한 언어로 당대를 희롱하는 보부아르 수준이다.

　과거의 비극과 현재의 평온을 대조적으로 묘사하는 그녀의 내면세계는 '행복은 고된 여정 끝에 비로소 만나는 결실'이라는 메시지를 따뜻하게 전달한다. 철학자 쇼펜하우어의 사유를 삶의 경험과 교차시키며, 고통과 의지, 사랑이라는 본질적 질문들 앞에 여전히 흔들리는 인간 내면의 진실을 성찰하는 자전적 철학 에세이로부터 「사랑의 삼각형과 참사랑」은 사이버 사랑에서 출발해 지금에 이르기까지 이론과 경험을 오가며 사랑의 본질을 되묻는 한 여성의 성장 서사로 진정한 사랑은 감정이 아닌 실천임을 증명하는 자전적 사랑론을 유감없이 펼쳐 그의 보폭과 비상을 읽을 수 있게 한다.

「박지원의 연암집에서」, 「西京別曲, 음미하다」, 「맹자의 경고」에서는 박지원의 실천적 작가론을, 사랑의 절절함을, 직설적 정서와 시대적 양심을 호소하고, 「홉스는 왜?」라는 화두는 인간 본성에 대한 홉스의 냉소적 관점을 여류 작가의 감성적 눈으로 반박하며, 인간 존재의 본질을 이성보다 인정과 천륜에서 찾으려는 철학적 성찰을 보여 준다. 「비평의 의미」에서는 황현산의 비평론을 바탕으로 형식적 찬사에 그친 비평 풍토를 날카롭게 짚어 내 정직한 독서자의 선언을 품어 낸다. 그런가 하면 「플라톤의 국가에서」는 '정의는 강자의 이익'이라는 트라시마코스의 주장에 반기를 들며, 정의란 약자와 강자를 넘어선 보편적 도리임을 강조한 도덕적 비판의 목소리를, 「아리스토텔레스의 글 한 자락」은 덕과 중용을 통해 본성을 잘 갈고닦아 이성을 발휘해 화합하는 공동체 생활을 이끌어 가야 한다는 깊은 통찰을 제공한다.

「自立自生」, 「질풍노도 사춘기」, 「페친의 초대」, 「구독자 만들기」는 현대 사회를 살아가려면 어렸을 때부터 스스로 살아가야 하는 법을 배워야 하고, SNS의 관계와 디지털 시대의 개인과 사회의 상호작용을 짚는다. 「악독한 팬데믹」, 「지옥을 구출하라」, 「학력은 평등하지 않다」에서는 팬데믹을 통한 인간 존재의 취약성에 대한 심도 있는 논의를 제시하는가 하면 사회적 불평등의 문제를 제기한다. 또, 「301호 미친 여자」는 정신적 고통과 현실의 경계를 탐구하는 작품으로 깊은 사회적 메시지를 내포하고 있다.

결국, 그녀의 작품들은 독자에게 강한 인상을 남기며, 복잡한 사회적, 개인적 문제를 밀도 있게 제시한 작가로서, 인간의 감정과 삶의 다양한 측면을 섬세하게 탐구하며, 독자에게 깊은 여운을 남긴다. 인간관계와 사랑, 결단력과 용기를 다루며, 모두 긍정적인 에너지를 불어넣는다.

그러니까 박성희 작가의 상징은 자연, 인간, 사랑, 진실, 감정의 순수성을 중심으로 형성되며, 작품들 속에서 인간의 본성과 내면의 감정을 재조명한 것이다. 즉, 자아 성찰과 인간 내면의 탐구를 원하는 그녀 특유의 다양한 시도와 재해석이 독자들에게 새로운 통찰을 제공해, 앞으로도 그 깊이 있는 문학적 탐구는 많은 공감을 얻을 것으로 전망한다.